# LA MONARCHIE DE L'EGLISE,

Contre les erreurs d'vn certain
liure intitulé
*De la puissance Ecclesiastique & Politique.*

D. Bern. epist. 77.
*Macula ab alijs contracta, aliorum fide
emundari debet.*

A PARIS,
De l'Imprimerie de FRANÇOIS HVBY
ruë S. Iacques, au soufflet vert, deuant le College de Marmoutier:

M. DC. XII.

Impp. Theod. & Valent. de *summ. Pont. Ad Aetium.*

Tunc demum Ecclesiarum pax vbique seruabitur, si Rectorem suum agnoscat vniuersitas.

# A TRES-ILLVSTRE ET
## TRES-VALEVREVX PRIN-
### CE, MESSIRE HENRY DE LORRAINE,
#### Pair. & grand Chambelan
#### de France, Duc de
#### Mayenne. &c.

**M**ONSEIGNEVR

La gloire que ce vous est
d'estre yssu d'vne maison
qui a tant de fois porté ses armes iusqu'aux extremitez de l'Orient pour
la deffence de la foy, vous faict imi-
ter si dignement la Pieté & la va-
leur de voz Ayeux, que vous n'a-
uez autre obiect que le bien de l'E-
stat, & l'honneur de la Religion
soubs les heureux auspices de leurs
Majestez. Chose qui m'a faict croi-

A iij

re que ie vous deuois iuſtement offrir
ce peu que ie contribue au ſouſtien de
la cauſe du ſouuerain Pontife, en re-
futant celuy qui ſoubs couleur des
droicts inuiolables de la Royauté &
des libertez de l'Egliſe Gallicane
nous voudroit infecter de ſes erreurs.
Artifice ſemblable à celuy de l'Empereur Iulian l'Apoſtat, qui erigeoit en
public aupres de ſes ſtatuës les ſimu-
lacres des faux Dieux, afin de contraindre les Chreſtiens de reuerer ces
idoles auec l'image du Prince. Ayez
donc s'il vous plaiſt ce petit labeur
pour agreable & ie continueray de
prier Dieu,

## MONSEIGNEVR

qu'il vous comble de ſes ſainctes be-
nedictions en tres-parfaicte ſanté &
longueur de vie.

Voſtre treſ-humble, &
treſ-obeiſſant ſeruiteur
PELLETIER.

# DISCOVRS,

*AVQVEL EST DEMONSTRE'
que l'Estat & gouuernement de l'Eglise,
est Monarchique, & non pas Aristocratique: y iustifiant aussi par authoritez
expresses, comme la charge vniuerselle de
l'Eglise a esté donnée par nostre Seigneur,
à Sainct Pierre, & aux Papes ses successeurs, sans preiudice ny alteration de la
grandeur temporelle des Roys.*

CICERON à dit autrefois, qu'il ne sçauoit par quel destin il arriuoit que ceux qui estoient ennemis de la Republique deuenoient aussi tost les siens. Les Peres Iesuites peuuent dire de mesme, qu'il n'y a auiourd'huy Heretique, ou autre sentant mal de la foy, qui ne soit poussé d'vne

A iij

hayne extresme contre leur Societé. Ce qu'ils tiennent neantmoins à bonne fortune comme vne ample iustification des calomnies qu'on leur impute, Dieu qui embrasse la deffence des innocens ayant permis qu'vn de leurs plus violents ennemis, ait en fin vomy sur le theatre tout le venin qu'il couuoit de long temps en son cœur. Ce masque ainsi leué faict maintenant cognoistre quel il est. Et quoy qu'il luy reste encores sur les espaules la robe & le chaperon de Docteur de l'Eglise, si ne le peut on tenir que pour vn insigne preuaricateur contre l'Eglise. Car cest homme de bien profitant de mal en pis, s'est du seruiteur pris au Maistre, s'est des membres attaqué au Chef, & quitant la querelle des Iesuites il ose choquer audacieusement l'authorité du Pape: Mais s'il luy restetant soit peu de conscience elle le deuroit conuaincre de la faussetté du liure, & luy en reprocher les erreurs. Y taire son nom & celuy de l'Imprimeur, ny sentir que la bourbe du Lac de Geneue, ny voir que la póme de discorde, & les semences d'vn schis-

me deplorable faict assez iuger du meri-
te de l'ouurage. De sorte que si iamais
faux teston fut cizelé pour estre de mauuais alloy, cest escrit scandaleux deuroit
estre deteste & mis au feu sans autre re-
futation: Mais par ce qu'il y a des esprits
parmy noz François à qui la nouueauté
de tels liures agrée comme la nouuelle
façon de leurs habits, i'ay estimé qu'il
seroit à propos de draper vn peu cest autheur apocriphe, & de battre en ruine
ce qu'il dresse pour renuerser la creance
des Catholiques, en ce qui touche l'o-
beissance qu'on doit au souuerain Chef
de l'Eglise.

Voyons donc comme il bronche
des l'entrée de son liure. *L'Eglise* dit-il Pag. i.
*est vne police Monarchique instituée pour*
*vne fin supernaturelle, laquelle police est tem-*
*perée par Iesus-Christ Souuerain Pasteur des*
*ames, d'vn gouuernement Aristocratique qui* *Quod omniũ*
*est la meilleur de tous, & le plus conuenable à* *optimum &*
*la nature.* Est-ce là parlé en bon Fran- *naturæ con-*
çois & en amy de la Royauté ? N'est-ce *uenientissi-*
pas proprement donner d'vne main *mum est.*
& oster de l'autre ? Certes cela est aussi à
propos que qui diroit que la France est

bien vne Monarchie, mais que les Eſcheuins des villes gouuernent l'Eſtat. C'eſt ainſi que Sathâ aueugle l'eſprit de ce melancolique pour le precipiter d'abord dans l'abiſme qu'il s'eſt ouuert, eſtant l'ordinaire de tels broüillons de nier tacitement l'authorité ſupreme d'vn Chef pour ſe ietter dans la confuſion, & en feignant de recognoiſtre pluſieurs ſuperieurs n'ont autre but que de viure en libertinage. Car du meſpris du Pape ils viennent à celuy de l'Eueſque, & finallement ne tiennent pas grand compte du Curé ny du Preſtre. Auſſi eſt-il à craindre que ces fanatiques qui font profeſſion ſi ouuerte de loüer l'Ariſtocratie en l'Egliſe, ne la deſirent introduire en l'adminiſtration de l'Eſtat, ainſi que firent les Lutheriens qui n'eurent pas pluſtoſt meſcogneu l'authorité du Pape Leon dixieſme qu'ils ne ſe ſouleuaſſent à armes ouuertes contre l'Empereur Charles cinquieſme. Il s'eſt meſme eſclos depuis peu vn nouueau Politique de ceſte liurée qui a bien le nom de Roy à la bouche & le recognoiſt eſtre *le cœur du royaume*

royaume mais à condition que le conseil des Estats en soit le cerueau, & luy attribuant la censure des actions du Prince il dit que c'est à luy à le releuer, voire auec authorité suprême.

Liu. 6. fueil. 382.

Nier en fin la Monarchie & gouuernement d'vn seul en l'Eglise, c'est auoir apris sa leçon de Caluin, qui combat à outrance la doctrine qu'on a tousiours tenuë sur vn poinct si important. *Mais encores, dit-il le cas posé qu'il soit bon & vtile, comme ils veulent que tout le monde soit reduict en vne Monarchie, ce qui est neantmoins tres-faux, mais encore qu'ainsi fust si ne leur concederay-ie pourtant que cela doiue valoir au gouuernement de l'Eglise. Car elle a Iesus-Christ pour son seul Chef, soubs la principauté duquel nous adherons tous ensemble, selon l'ordre & forme de police que luy mesme nous à constituée. Pourtant ceux qui veulent donner la prééminence sur toute l'Eglise à vn seul, soubs couuerture qu'elle ne se peut passer de Chef, font vne grosse iniure à Iesus Christ lequel en est le Chef. &c.* Beze à encdres apris à ce Docteur de ne faire pas grand scrupule de reietter la pure & simple Monarchie de l'Eglise. Et ne faut

Inftit. lib. 4. ch. 6. sect. 9.

Confeff. 5. poinct. ch. 5.

B

point dit-il qu'on vienne icy dire qu'il est besoing qu'il y ait en l'Eglise vn Chef ministerial
comme ils l'appellent, c'est à dire quant à l'execution des charges, veu qu'on ne sçauroit rien
monstrer de cela par la parolle de Dieu expres-
se, & l'experience qu'on en a eue par tant
d'aages, preuue plus que suffisamment combien
se sont abusez ceux qui ont estimé qu'il falluit
auoir en l'Eglise vn Chef vniuersel. Or ceux
qui sont allaictez d'vne meilleure
creance ne tiennent pas ce langage.
Car encores qu'ils ne recognoissent
autre Chef essentiel de l'Eglise qu'vn
seul Iesus-Christ qui luy influe du ciel
ses diuines graces, & que chaque Euesque, chaque Curé, voire le simple
Prestre soient autant d'ouuriers qui
trauaillent à ceste vigne, autant de Pasteurs qui veillent sur ceste bergerie,
autant de membres honorables de ce
corps, si est-ce que l'Eglise ne peut-estre
appellée vne, que par la communion
qu'elle a auec son Chef visible, ainsi
que l'armee n'est dite vne, que par le
rapport qu'elle a au General qui la cõ-
mande, & la Republique au Magistrat
qui la gouuerne.

C'eſt là l'Eſtat purement Monarchique de l'Egliſe, toute autre dignité
Eccleſiaſtique eſtant ſubalterne à la
puiſſance ſouueraine du Pontife, tout
ainſi que tous les Officiers de la Cou-
ronne, tous les Parlements, tous les
corps & communautez de la France,
empruntent leur eſclat & authorité du
Roy, les miroirs ardants n'ayans
ceſte grande lueur que du Soleil. Eſ
pour oſter toute fauſſe ſuppoſition, ie
diray neantmoins que ceſte Monarchie ſpirituelle, n'eſt que comme vn
arriere ſief mouuant du ſceptre du
Roy des Rois, tant s'en faut qu'elle ſoit
dreſſée contre la grandeur & puiſſance
de ſa diuine Maieſté. Celuy qui rem-
plit auſſi le tribunal de l'Egliſe, n'eſt pas
Monarque de l'Egliſe comme Ieſus-
Chriſt l'eſt, car il ſe recognoiſt homme pecheur, ſuiet à l'obſeruation de la
loy de Dieu, ne pouuant pas inſtituer
des Sacrements comme à faict Ieſus-
Chriſt, ains a beſoin pour ſon ſalut
propre de ceux qu'il adminiſtre à ſes
oüailles comme Paſteur viſible de l'E-
gliſe. Ie diray encores que ceſte Mo-

B ij

narchie n'ofte point l'exercice des autres Pafteurs foient Euefques ou Curez, ainfi que le chef de l'armée n'em-
pefche point la charge des Capitaines
qui feruent foubs fon commãdement.
C'eft pourquoy fainct Cyprian dit *qu'il*

*n'y a qu'vn Euefché en l'Eglife, duquel cha-
que Euefque tient folidairement fa part,* Mais
que veut dire *folidairement*? Ce n'eft pas
qu'il vueille feparer les vns des autres,
de façon qu'ils n'ayent rien de commun enfemble, mais pour monftrer
que chacun d'eux eft tenu de s'acquiter
de fa charge & d'en refpondre en fon
propre nom, tellement toutesfois qu'ils
fe rapportent tous à l'vnité. Ainfi chaque membre du corps eft folidairement vn membre pour foy auec fes of-
fices & proprietez diftinctes, mais
tous les membres cependant ne font
qu'vn corps, & ce corps eft animé &
conduit de fon Chef, qui defpart vni-
uerfellement les mouuements & functions à tous les membres. Ainfi fainct
Cyprian en tenant ce langage n'auoit
pas intention d'eftablir vne Ariftocra-
tie chimerique, ou pluftoft vne Anar-

chie comme faict ce docteur. Car il recognoist que l'Eglise Romaine *est la*
*racine & la matrice de l'Eglise Catholique.* Epist.45. ad<br>Corn.
Eglise Romaine dy-ie qu'il auoüe *estre*
*la principalle, & d'ou est yssue l'vnité du Sa-* Epist.55.
*cerdoce.*

Pourtant qu'on apprenne la vraye
definition de l'Eglise, non de cest esprit erronée, mais d'vn des plus doctes
Theologiens du siecle. *L'Eglise dit il est* Illust. Card.<br>Bellar. lib 3.<br>de Eccles.c.2.
*vne assemblée de personnes faisans profession*
*de la foy Chrestienne, vnies par la commu-*
*nion de mesmes Sacrements soubs la condui-*
*te des legitimes Pasteurs & principallement*
*de l'Euesque de Rome, Vicaire en terre de no-*
*stre Seigneur Iesus-Christ.* D'ou il appert
qu'il est plus vtile que le gouerne-
ment general de l'Eglise soit rapporté
soubs l'auctorité d'vn seul vcu les inconueniens qui pourroient arriuer si
tous ou plusieurs des Euesques en
auoient la charge. Car qui ne voit quelle misere ce seroit que l'Eglise Catholique qui est tellemét vne, qu'elle est appellée en l'Escriture vne cité, vne maison, vn corps, n'eust nul chef au monde
qui la gouuernast? Si bien qu'elle ne se

peut non plus paſſer d'vn Souuerain,
que le troupeau faiƈ d'vn berger. Car
ſi la ſouueraineté de l'Egliſe dependoit
des Eueſques il s'enſuiuroit que plus ils
ſeroient aſſemblez en vn Concile, ſon
auƈorité en ſeroit plus grande & n'ar-
riueroit iamais qu'on deferaſt à vn
Concile où il y auroit eu moins d'E-
ueſques. Le Concile d'Arimini neantmoins où il y auoit ſix cens Eueſques
n'eſt de nulle authorité en l'Egliſe, ou
au contraire celuy de Conſtantinople
premier où il n'y en auoit que cent cin-
quante a eſté embraſſé de tous comme
legitime & orthodoxe. Or il n'y a nulle autre raiſon de cela, ſinon que l'vn fut
approuué par le Chef de l'Egliſe & l'autre reietté par luy meſme : Car de dire
que le Concile d'Arimini a erré & celuy de Conſtantinople non, s'eſt vouloir preſomptueuſement ſe rendre iuge de toute l'Egliſe & de ſes Conciles.

Sur cela ceſt eſprit de contradiƈion
qui ne peut ſouffrir la grandeur émi-
nente d'vn Chef, amplifie à ſa poſte
quelques paſſages de l'eſcriture pour

l'affoiblir côme entre autres de S. Paul.
*Car toutes choses sont de l'Eglise, & l'Eglise*   1.Cor.ch.3
*de Christ, & Christ de Dieu.* Y ayant seule-
ment *tout dy ie est à vous & vous à Christ*
*& Christ à Dieu,* mais pour ietter les premiers fondements de son Estat Aristocratique ou plustost de sa Democratie
il adiouste ce mot *d'Eglise* dans le texte,
comme si le seul peuple de Corinthe
estoit l'Eglise vniuerselle. Ie ne sçay
donc ce qu'il peut tirer à son aduanta-
ge de ce lieu là. Car encores que ie luy
concede que toutes choses soient finallement pour l'vsage & vtilité de l'Eglise on n'en peut conclure que le gouuernement d'icelle depende de l'Eglise
mesme, non plus que le troupeau n'est
dit se conduire soy mesme. Aussi
n'est-il point parlé là de l'administration de l'Eglise. Pourtant que ce Docteur sçache que comme le Roy est
donné de Dieu à l'Estat pour l'vtilité
publique de l'Estat : de mesme le Chef
visible de l'Eglise est sur toute l'Eglise
pour le bien & salut d'icelle, l'vn estant
ordonné pour regir, & l'autre pour estre
regy. Il faict encores bouclier de quel-

ques autres paſſages de l'eſcriture qui
preuuent ſeulement la miſſion des
Apoſtres pour dreſſer l'Egliſe, mais cela ne faict rien à ſon deſſein non plus
que quand il eſt dit, *Prenez donc garde à*
*tout le troupeau auquel le Sainct Eſprit vous*
*a ordonnez Eueſques pour paiſtre l'Egliſe de*
*Dieu,* d'autant qu'on ne nie pas qu'il
n'appartienne aux Eueſques & aux
Preſtres de paiſtre & regir l'Egliſe: mais
la queſtion eſt icy à ſçauoir ſi la ſouueraine puiſſance ſur toute l'Egliſe depéd
de pluſieurs ou d'vn ſeul. Choſe que
ſainct Paul ne touche point en ceſt endroict, admoneſtant ſeulemét les Eueſques qu'ils s'acquictent dignement de
la charge qui leur eſt commiſe en particulier ſur leurs troupeaux:

D'ou l'on voit qu'il ne ſuffit pas pour
fortifier vne opinion nouuelle d'appeller à garand le texte de la ſaincte Eſcriture ſi les paſſages qu'ó en tire ne ſót
conformes à la creance vniuerſelle de
l'Egliſe. Surquoy i'adiuré ce Docteur
de faire ſon profit du iugement que le
Concile de Sens a autrefois faict de
ces compoſeurs de mauuais liures, ainſi
que

que le rapporte Bochellus compilateur des decrets de l'Eglise Gallicane. *Il n'y a iamais* dit le Concile *Heretique pour perdu qu'il soit, qui ne s'efforce de souſtenir ſon erreur par l'Eſcriture, ny hereſie ſi abſurde, qui ne s'appuye des Oracles diuins, mais corrompus neantmoins & deſtournez de leur vray ſens. Et ſi quelqu'vn ſur la bonne opinion de ſon ſçauoir, parcourt ſeulement l'eſcorce de l'Eſcriture ſans en penetrer le ſens profonds, par la conference des interpretes de l'Eglise, certes à peine pourra on confuter la pertinacité des heretiques. Aux diſputes qui naiſſent donc de la foy, en vain recourt on à l'Eſcriture, ſi l'Egliſe ne vuide le different, l'authorité de laquelle diſcerne les liures Canoniques d'auec les apocriphes, le vray ſens & orthodoxe d'auec l'erronée, ceſte Egliſe eſtant le truchemẽt des Peres & des Cõciles &c.* Vn livre n'eſt donc pas eſtimé meilleur pour contenir force paſſages de l'Ecriture, s'il y a la moindre erreur meſlée parmy, comme pour vne ſeule tache de lepre, entre les Iuifs, l'homme eſtoit chaſſé de la compagnie des autres & ſa maiſon purgée par le feu. L'hereſie des Arriens ne fuſt auſſi condamnée que

*de libr. ve-*
*titis titul.*
*10.*

C

pour gliſſer en leurs eſcrits vn i au
lieu d'vn o tant il faut eſtre circon-
ſpect aux choſes de la foy.

C'eſt pourquoy les Prelats s'attribuent iuſtement la cenſure des liures
faicts contre la commune creance de
l'Egliſe. Auſſi nos Rois tres-Chre-
ſtiens qui ne prennent point l'encen-
ſoir à la main, ne leur en ont iamais in-
terdit la cognoiſſance, imitant en cela
l'Empereur Claude qui renuoya vn'
enfant debauché à ſon pere, diſant
qu'il eſtoit le vray céſeur de ſes actions.
Choſe qu'ils font d'authorité & iuriſdiction Eccleſiaſtique dont il y en a de
deux ſortes, l'vne ſouueraine & l'autre
inferieure & ſubordonnée. La premiere appartient au Chef de l'Egliſe qui
peut d'authorité ſupréme decider in-
falliblement de tout ce qui concerne
la foy. La ſeconde eſt deuë aux Eueſques qui en peuuent definir, mais d'v-
ne puiſſance inferieure & ſubordonnée
comme ſuiette & dependante de la
premiere. Les Theologiens & Docteurs qui rempliſſent la chaire de l'Eſ-
chole, peuuent bien auſſi determiner

des poincts de la religion, & condam-
ner les fausses opinions, non d'vne authorité semblable aux deux prece-
dentes mais *scholastice & doctrinaliter
definiendo*, ainsi qu'a autrefois arresté
cest Auguste & celebre College de
Sorbonne en ses conclusions contre
les erreurs d'vn nommé Montesono,
lesquelles sont recueillies à la fin du liure du Maistre des sentences.

Auec l'Escriture, ce Docteur qui ne *Pag. 8.*
se nomme point, faict encore batterie
d'vn Canon emprunté de sainct Hie-
rosme, pour prouuer l'esgalité du simple Prestre & de l'Euesque, afin de sau-
ter (comme il est inconstant) de l'Aristocratie à vn estat Democratique, sans
toutesfois qu'il rapporte les parolles
decisiues de la questiõ. Car voicy com-
me parle sainct Hierome. *Celuy qui est* *in commẽ. 1.*
*Euesque est aussi Prestre, & auparauant qu'il* *cap. epist. ad*
*se fist par l'instinct du diable, des desirs parti-* *Titum.*
*culiers en la Religion & qu'on dist parmy les*
*peuples, Ie suis de Paul, moy de Cephas &*
*moy d'Apollo, les Eglises estoient gouuer-*
*nées par la commune assemblée des Prestres:*
*Mais depuis qu'vn chacun estimoit siens ceux*

qu’il baptizoit *& nõ pas de Chriſt, il fut ordã-*
*né par tout le mõde qu’il y en auroit vn choiſi*
*d’entre les Preſtres qui ſeroit par deſſus tous les*
*autres, auquel tout le ſoin de l’Egliſe appartiẽ-*
*droit, & les ſemẽces des ſchiſmes ſeroiẽt arra-*
*chées.* De la ce Docteur veut inferer que
lors que l’Egliſe eſtoit en ſa plus grande pureté, l’Ariſtocratie ou pluſtoſt
la Democratie eſtoit recogneuë au
gouuernement de l’Egliſe: Mais on luy
reſpond que ſainct Hieroſme auoit
ceſte opinion, quoy que fauſſe, que les
Eueſques pour le regard de la iuriſdiction eſtoient plus grands que les Preſtres non de droict diuin, mais ſeulement d’inſtitution Eccleſiaſtique. Ce
n’eſt pas que de cela on puiſſe rien
tirer au deſauantage de la Monarchie
de l’Egliſe. Il dit au contraire que l’A-
riſtocratie n’ayant pas bien reuſſy au
commencement par les ſchiſmes & di-
uiſions qui en naiſſoient, elle fut par
vn commun conſentement changée
en Monarchie & rapportée au gouuernement d’vn ſeul. Changement qu’on
recueille de luy meſme auoir eſté faict
du temps des Apoſtres, & par les pro-

pres Apoſtres, en ce qu'il dit que cela arriua quand on commença de dire *Ie ſuis de Paul & moy d'Apollo* ce qu'il conſte auoir eſté du viuant des Apoſtres. Auſſi ſainct Hieroſme nous apprend au liure qu'il a faict des hommes illuſtres, qu'incôtinent apres la paſſion de noſtre Seigneur, ſainct Iacques fut creé Eueſque de Hieruſalé : & en l'epiſtre à Euagrius, il teſmoigne que ſainct Marc fut Eueſque d'Alexandrie.

*Epiſt. 85.*

Finalement on peut repartir que ſainct Hieroſme ne parle pas du gouuernement general mais des Egliſes particulieres quand il dit *Et au commencement les Egliſes eſtoient gouuernées par la commune aſſemblée des Preſtres*, Car il dit ailleurs en termes expres parlant des Apoſtres *que des douze vn eſt eſleu à fin que le chef eſtant eſtably l'occaſion de tout ſchiſme ſoit retranchée.* Il n'a non plus iamais pretendu d'eſgaller le ſimple Preſtre à l'Eueſque. *Qu'eſt-ce dit-il que faict l'Eueſque hors mis l'ordination, que ne face auſſi le Preſtre?* Et concluant ſon diſcours il dit au meſme endroict, *Afin que nous ſçachions que les traditions Apoſtoliques ſont priſes du*

*in lib. cont. Iouin.*

*Epiſt. 85. ad Euagr.*

*vieux Testament ce que Aaron & ses fils &*
*les Leuites estoient au temple, que les Euesques, les Prestres & les diacres s'attribuent*
*d'estre le mesme en l'Eglise.* Qu'on life encores ce qu'il tefmoigne de l'antiquité
de l'eminent degré de l'Episcopat quelque temps apres les Apostres. *Irenée* dit
il *Prestre de Photinus Euesque de Lyon és*
*Gaulles enuoyé par les martyrs du lieu en legation à Rome, porta des lettres honorables en sa*
*recommandation à l'Euesque Eleuthere.* Et
long temps deuant fainct Hierofme,
Tertulian confirme cefte eminence
de dignité en l'Eglife. *Le fouuerain Prestre*
*qui est l'Euesque, à le droict de baptifer &*
*apres luy les Prestres & les Diacres, mais non*
*sans authorité de l'Euefque.* Si bien qu'a
ce compte l'Euefque & le Preftre n'ont
iamais efté femblables, l'Epifcopat
eftant vn nom de dignité & la Preftrife
vn tiltre de l'aage, l'vn faifant des Peres
& l'autre des enfans à l'Eglife par l'ordination & par le baptefme. Sainct Ignace Euefque d'Antioche & difciple de
fainct Pierre en l'Eglife naiffante, tefmoigne la difference de l'Euefque &
du Preftre en ces termes. *Soiez fuiects à*

*l'Euesque comme à voftre Seigneur & ne fai-Ctes rien fans luy.* Là mefme il affigne toute primauté à l'Euefque, le Preftre & le Diacre n'eftans que cóme fes mini-ftres. *Tout ainfi que Chrift dit-il ailleurs n'a rien fuict fans fon pere, ne faictes rien auffi fans l'Euefque, foient Preftres, Diacres ou lai-ques.* On lit encores dans les Canons des Apoftres comme l'Euefque eft le Chef des Preftres. Ce Docteur eft fi mal verfé en l'Antiquité qu'il nous voudroit faire accroire que c'eftoient les Preftres qui gouuernoient l'Eglife primitiue & non pas les Euefques. Ce-la eft fuiure l'erreur de l'heretique Ae-rius qui attribuoit autant de pouuoir au fimple Preftre qu'à l'Euefque, ainfi que remarque S. Auguftin.

Or defirant fortifier toufiours plus les efprits credules, qui comme rofeaux fe laiffent emporter à tous vents, ie de-duiray encores plufieurs raifons en fa-ueur de la Monarchie de l'Eglife, & puis ie monftreray à qui la dignité en a efté donnée, & qui en a exercé fa Iurif-diction, depuis l'Eglife naiffante iuf-qu'à prefent. Cefte forte de gouuernement estant donc beaucoup plus excellente que l'Aristocratie, ny la Democratie, il n'est pas croyable que nostre Seigneur ait voulu que son Eglise en ait esté priuée, sans que cela preiudicie toutesfois à sa souueraine & diuine Majesté. Car l'Eglise estant vne societé visible elle a besoin d'vn Chef visible qui decide les controuerses de la religion & qui contienne en deuoir & vnion tous les autres pasteurs subalternes. Et si on auoit à tirer consequence dela Royauté & Monarchie essentielle de Iesus-Christ en son Eglise, non le seul Chef visible d'icelle mais les Euesques & les autres Prestres & Docteurs, seroient comme inutiles & superflus, Iesus-Christ estant appellé en l'Escriture *l'Euesque de noz ames.* C'est le seul maistre que *le Pere celeste commande que nous escoutions.* C'est luy *qui baptize par le sainct Esprit.* Pourtant comme les Euesques, Curez & autres Ministres de l'Eglise ne sont superflus encores que ce qu'ils font c'est Iesus-Christ qui le faict principallement par eux: De mesme on ne doir pas reietter celuy qui

comme

*1.Petr.2.*<br>*Mat.17.*<br>*Io. 1.*

comme grand Oeconome à vn soin
general de toute l'Eglise, encore que
Iesus-Christ exerce la mesme charge
inuisiblement, & par la secrette vertu de son sainct Esprit. Car si en la religion Iudaique, il y auoit vn Pontife
qui gouuernoit en chef, tout le peuple
de Dieu estant obligé de luy obeir, que
ne doict auoir l'Eglise Chrestienne qui
est proprement la verité, dont l'autre
n'estoit que l'ombre & la figure ? Si
l'Escriture compare aussi l'Eglise à vne
armée rangée, à vne belle espouse, à vn
royaume, à vne bergerie, à vne maison, à l'Arche de Noé, toutes ces choses peuuent elles estre bien ordon-
nées, bien conduites sans l'authorité
d'vn Chef qui les commáde ? Bref tout
de mesme qu'on iuge raisonnable pour
l'ordre & la police de l'Eglise, que l'E-
uesque commande à vn Diocese, l'Archeuesque aux Euesques, le Patriarche
aux Archeuesques: Aussi est il tres-vtil-
le qu'il y ait vn Chef souuerain qui
cómande aux Patriarches, & qui main-
tienne tout le corps de l'Eglise en vnité
de foy. Car si le gouuernement Mo-

narchique est propre à vne ville, à vne prouince, à vne nation, pourquoy ne le sera-il aussi à toute l'Eglise? Quelle raison y auroit il que les parties fussent gouuernées par vn seul, & le tout par plusieurs, comme se va imaginant ce Docteur?

*pag. 18.*

Pour renuerser la Monarchie de l'Eglise, il oppose encore les parolles ou noftre Seigneur dit à ses Apostres sur le debat qui estoit suruenu entre eux.

*Luc. 22.*

*Les Rois des nations les maistrisent, mais il n'est pas ainsi de vous &c.* Surquoy ne pouuant mieux i'emploiray icy ce qu'on repartit doctement au Serenissi-me Roy de la grande Bretagne qui auoit allegué ce mesme passage en son

*Le Reuerend Pere Coeffe-teau en la resp. à l'ad-uert.*

,, liure & à mesme fin. Il ne huite nulle-
,, ment *marque cefte plume elegante* la puif-
,, sance du Pape, veu que noftre Sei-
,, gneur ne veut par là oster l'authorité
,, plus eminente d'vn Chef entre ses
,, Apostres : mais desire seulement ar-
,, rester l'ambition des siens qu'il voyoit
,, aspirer à la grandeur, nonobstant les
,, exemples d'humilité qu'il leur donnoit
,, tous les iours par ses deportemens. A

raison dequoy il adiouste immediatement apres. *Ainsi le plus grand entre vous
soit comme le moindre, & celuy qui gouuerne comme celuy qui sert. Car lequel est le plus
grand, ou celuy qui est assis à table ou celuy qui
sert? Or suis ie au milieu de vous comme celuy qui sert.* Ès quelles parolles on peut
remarquer des traces de l'authorité veu
qu'il instruit le plus grand comme il se
doit gouuerner à l'endroict des moin-
dres, & se baille soy-mesmes pour
exemple en ce qu'il ne desdaigne pas
de seruir ceux qui n'estoient que ses
Disciples. Tout ainsi donc qu'on ne
peut recueillir de ce passage que les
Apostres ayent esté esgaux à nostre
Seigneur, ou bien qu'il n'a pas esté
leur Chef auec eminence de pouuoir
sur eux: Aussi ne peut-on affoiblir parce
texte la puissace de celuy qu'il a estably
pasteur sur son Eglise. Seulement les
Prelats y sont aduertis de laisser l'ambition & la violence aux Tyrans & de
se contenter de reluire entre les autres,
par les exemples de saincteté & de modestie, qui sont les vrais ornements des
Vicaires de Iesus-Christ.

D ij

Ainfi voit on par le vray fens de ce
paffage que tant s'en faut que noftre
Seigneur vueille que tout foit efgal en
l'Eglife, qu'au contraire on en peut inferer qu'il faut vn chef fur tout le troupeau. Chef qui toutesfois n'a pas vne
telle plenitude de puiffance que luy,
mais feulement felon la portion & me-
fure des dons qu'il luy en a pleu de-
partir. Car Iefus-Chrift gouuerne toute l'Eglife, qui eft au Ciel & en terre
& qui a efté & fera depuis le commencement du monde iufqu'à fa fin, ayant
peu comme bon luy a femblé faire des
loix, donner fa grace fans facrements,
où le Chef de l'Eglife regit feulement
l'Eglife vifible qui eft en terre, ne pouuant changer les loix de noftre Seigneur, ny remettre les pechez d'autruy, ny effacer les fiens propres fans
la participation des fainóts Sacrements
inftituez en l'Eglife. Si toutesfois ce
Chef eft comparé aux autres Euefques,
il peut eftre dit auoir au regard d'eux
vn pouuoir abfolu. Car ils ont leurs
Diocezes limitez, ou luy n'a pour bor-
nes de fon Empire fpirituel, que les

extremitez du monde.

Il eſt encores à conſiderer qu'il eſt neceſſaire pour la perpetuelle conſer-uation de l'Egliſe, que tous les peuples conſentent à vne meſme foy, vſent de meſmes Sacrements, ayent meſmes loix diuines, ce qui ne peut eſtre s'ils ne ſont tous vnis en corps ſoubs l'o-beiſſance d'vn Chef, qui les lie & maintiéne en vnion & concorde. D'ou il reſulte que c'eſt grandement errer que de vouloir eſtablir en l'Egliſe autre for-me de gouuernement que la monar-chie, veu les inconueniens qui arriue-roient, ſi elle auoit autre face d'Eſtat ſoit Ariſtocratique ou populaire, ainſi que Caluin iuge eſtre conuenable au gouuernement Politique. *Et encores dit il que on compareroit les polices enſem-ble ſans leurs circonſtances, il ne ſeroit pas facile à diſcerner laquelle ſeroit la plus vtile, tellement elles ſont quaſi eſgalles chacune en ſon pris:* Et vn peu apres au meſpris tou-tesfois de la monarchie, il adiouſte: *Vray eſt que ſi on faiſt comparaiſon des trois eſpeces de gouuernement que i'ay recitées, que la préeminence de ceux qui gouuernent te-*

nans le peuple en liberté, sera plus à priser, non
point de soy, mais, pour ce qu'il n'aduient pas
souuent, & est quasi miracle que les Rois
se moderent si bien que leur volonté ne se
fouruoye d'equité & droicture &c. Voila
comme Caluin & ses consors tombent en ce crime de desirer dans les
Estats la mesme forme de gouverne-
ment qu'ils establissent dans leurs Si-
nagogues. Chose ou le Magistrat doit
soigneusement veiller, veu le preiudice
que les semences de telles maximes
erronées aux choses de la religion ap-
porte en fin au seruice des Rois & Princes souuerains. C'est pourquoy celuy
qui a traduict le liure de ce venerable
Docteur, faisant contenance d'estre
meilleur François, & d'aimer plus la
royauté que luy, à retranché ces mots
latins qu'il auoit mis d'abord en la definition de l'Eglise, en faueur du gouuernement Aristocratique, *quod omnium
optimum & naturæ conuenientissimum
est.*

Ayant donc representé assez au long
au discours precedent que l'Estat Monarchique est plus propre à l'Eglise, que

nul autre, il reste de prouuer maintenant que le Sadueur du monde, mon-
tant au Ciel à laissé icy bas en la personne de sainct Pierre, & de ses successeurs, vn seul Pasteur souuerain pour la
conduite de ses oüailles. Ce que voulāt
affoiblir nostre Docteur anomine, il
pense nous persuader que *l'Eschole de*
*Paris a tousiours constamment enseigné que* pag. 1.
*Iesus-Christ en batissant son Eglise a pre-*
*mierement, plus immediatement & plus*
*essentiellement donné les clefs, ou la iurisdi-*
*ction à l'Eglise que non point a sainct Pierre.*
Or pour faire voir que l'esprit des Heretiques & celuy de ce Docteur sont
de mesme trempe, sans que la celebre
Eschole de Sorbonne ait rien de semblable, ie rapporteray icy le langage
que leur grand Patriarche tient au ra-
bais de la puissance de sainct Pierre.
*Les Romanisques* dit Calvin *crient fort* Instit. lib.4.
*& ferme à l'encontre, mais dequoy leur pro-* ch.6. sect.4.
*fite il de hurter contre ce roc? Car ils ne se-*
*ront pas comme la predication du mesme*
*Euangile a esté commise à tous les Apostres,*
*qu'ils n'ayent aussi esté munis d'vne puissance*
*esgalle de lier & delier. Iesus Christ disent*

ils promettant à sainct Pierre, de luy donner
les clefs l'a constitué Prelat de toute l'Eglise.
Ie respons que ce qu'il luy a promis à luy seul
en ce passage là, il l'a donné en commun à
tous les autres, puis apres comme liuré en là
main. Si vn mesme droict est baillé à tous,
tel qu'il auoit esté promis à vn, en quoy est ce
que cestui la est superieur à ses compagnons?
Et apres auoir deguisé quelques lieux
des Peres comme s'ils estoient fauora-
bles à son dessein, il dit à la fin du mesme chapitre. Ou sera la primauté du siege
Romain, si l'Euesché entier reside seulement
en Iesus-Christ, & que chacun en ait vne
portion ? I'ay allegué ce passage afin de donner à entendre comme en passant aux lecteurs,
que ceste maxime, que tiennent les Romanisques comme vn article de foy, à sçauoir qu'en
la Herarchie de l'Eglise, il est requis qu'il y
ait vn Chef en terre, a esté du tout incogneuë
aux Anciens. Le sieur du Plessis poussé
de mesme esprit que son maistre Caluin, dit parlant de la confession de
sainct Pierre, qu'elle a esté commune à tous
les Apostres, à toutes les Eglises orthodoxes.
Mais cinq ou six des premieres lumieres de l'Eglise, que l'Eschole de Paris

regarde

regarde tousiours comme son Pole,
nous seruiront de flambeau parmy
les tenebres que ces esprits de confusion espandent. *Sainct Pierre dit Ter-*
*tulian qui a esté appellé la pierre pour edifier*
*l'Eglise, a-il rien ignoré?* Sainct Cyprien,
*Il n'y a qu'vn Dieu, vn Christ, vne Eglise,*
*& vne Chaire fondée sur sainct Pierre, par*
*la bouche mesme de nostre Seigneur.* Sainct
Epiphane. *Christ a choisi Pierre pour estre le*
*conducteur & Chef de ses Disciples.* Sainct
Chrysostome parlant du mesme Apo-
stre. *Dieu esleua dit-il Hieremie sur vne*
*nation, mais Christ a esleué cestui-cy sur tout*
*l'vniuers.* Et estendant le mesme pouuoir aux Papes il dit ailleurs. *Pourquoy*
*a-il espandu son sang, certes afin qu'il acquist*
*les oüailles dont il a donné le soin à sainct*
*Pierre & à ses successeurs.* Sainct Basile
en faueur de sainct Pierre. *Celuy la est*
*bien heureux qui a esté preferé aux autres*
*Disciples, & auquel les clefs du Royaume des*
*Cieux ont esté baillées.* Sainct Augustin.
*Qui est-ce qui ignore que la principauté de*
*l'Apostolat de sainct Pierre ne doiue estre*
*preferée à la charge de tout autre Euesché?*
Sainct Hilaire l'ornement des Gaules,

*de prescr.*

*Epist.* 40.

*Hæres.* 51.

*Homil.* 11.
*in Math.*

*Lib.* 2. *de*
*sacerd.*

*Serm. de Iu-*
*dic. Dei.*

*Lib.* 2. *de ba-*
*ptis. cap.* 1.

E

ne luy rend pas moins l'honneur parlant de luy en ces termes. *O l'heureux*
*fondement de l'Eglise, par le nouueau nom*
*qui luy a esté baillé, & digne pierre de son ba-*
*timēt, laquelle rōproit les loix de l'enfer les por-*
*tes de l'abisme & toutes les cloisons de la mort.*
*O heureux portier du Ciel, à la volonté duquel*
*les clefs de l'entrée eternelle sont baillees, le*
*iugement duquel donné en terre obtient la*
*condition d'arrest au Ciel.* Finalement
sainct Ambroise y contribue son tes-
moignage. *Si Pierre* dit-il *est pierre sur la-*
*quelle l'Eglise est fondée, c'est à bon droict*
*qu'il guerit le premier les pieds, à fin que com-*
*me en l'Eglise il contient le fondement de la*
*foy, aussi il confirme à l'homme le fondement*
*de tous ses membres.*

    Auec quel front est-ce donc que
Caluin, que du Plessis & ce Docteur
extrauagant, nient la primauté, les
clefs & la iurisdiction de sainct Pierre,
pour en les luy rauissant iniustemēt, les
attribuer à toute l'Eglise comme si elles
luy appartenoiēt de droict? Si cela a lieu
c'est establir la Democratie ou plustost
l'Anarchie, le desordre & la confusion.
C'est faire place à la mission, au sacer-

Cap. 16. in
Ioa.

Serm. 68.

doce de Charenton, & authoriser les peuples à se donner des Pasteurs, à créer des Ministres à leur poste, & renuersant toute police faire iuge l'artisan des points de la religion. Car si l'Eglise ne depend que de soy, si la republique n'a point de Magistrat, si l'Eschole n'a point de Maistre, si l'armée n'a point de Chef, si la maison ne recognoist point de Pere de famille qui la regisse, qui la conduise, que ce peut on promettre de cela qu'vn cahos, & qu'vne lamentable confusion? Or Caluin se doutant bien que toute l'Antiquité luy seroit opposée pour combatre son erreur, en ce qui touche la primauté de sainct Pierre & de tous ses successeurs, il aime mieux dementir les saincts Peres, que d'aquiescer à leur doctrine. Pourtant il dit parlant des *Inflit lib. 4.* Catholiques *que c'est trop sottement argué* *ch. 6 sect. 6.* *à eux, quand ils veulent establir vne principauté se fondant sur le nom de Pierre. Car ces sottes allegations & ineptes, dont ils ont voulu au commencement abuser le monde, ne sont pas dignes, qu'on les recite à sçauoir que l'Eglise a esté fondée sur sainct Pierre, d'au-*

tant qu’il est dit sur ceste pierre i’edifieray mon
Eglise. Ils ont pour leur bouclier qu’aucuns
des Peres les ont ainsi exposées, mais puisque
toute l’Escriture contredit, dequoy sert-il de
pretendre l’authorité des hômes contre Dieu?
Que le lecteur iuge seulement qui peut
auoir mieux entendu l’Escriture, ou
Caluin, ou toutes ces grandes lumieres
de l’Eglise, dont i’ay cy-dessus rapporté les authoritez. Aussi est ce le propre
de tous Heresiarques d’estre arrogants,
presomptueux, adorans comme vn
idole les opinions qu’ils se forgent en
leur ceruéau.

Voylà comme les clefs & la iurisdiction spirituelle, ont esté données à
sainct Pierre pour le salut des ames, en
qualité de chef soubs Iesus Christ,
duquel il est dit estre proprement Vicaire & Ministre, & non pas de l’Eglise, comme s’il n’estoit que simple in-
strument & organe d’icelle, administrant l’vsage des clefs, dont la proprieté seroit rier e l’Eglise, ainsi qu’il semble
à ce Docteur. Car il veut que sainct
Pierre & le Pape apres luy soient en
l’Eglise, ce que l’œil est au corps, c’est

à dire que la lumiere de l'œil soit pour
tout le corps, & qu'il ne soit que l'organe qui la porte. Mais sans luy reprocher la disproportion qu'il y a entre vn corps naturel & vn corps ci-
uil ou mystique tel qu'est celuy de
l'Eglise, quelle clarté auroit l'œil
& pour soy & pour tout le corps, s'il
n'estoit illuminé d'vne seule ame, qui
est la vraye forme de l'homme? L'erreur qu'il veut introduire, est aussi ridi-
cule que qui diroit que les Rois sont
Rois, & exercent leur Souueraineté
la tenant de leurs peuples, comme Ministres d'iceux, soubs couleur que les
Rois sont obligez de procurer leur bié,
de les proteger & deffendre. Aussi est-
ce tousiours le reuers de la medaille
de ces prescheurs d'Aristocratie en l'E-
glise, que d'inferer la mesme chose *Liur. 2.*
au gouuernement des Royaumes. *Le* *feueil. 54.*
*Roy bien inspiré* dit le Politique Turquet
*considerant qu'il tient la souueraineté en fief*
*du corps vniuersel de son peuple &c.* Mais
pour refuter ceste trespernicieuse maxime ie diray que tout ainsi que les
Rois, viues images de Dieu en terre, &

E iij

ses Lieutenans sur leurs Estats ne tiennent ce degré de souueraineté, que de
la seule bonté diuine, qui leur donne
les peuples a regir aux choses Politiques & temporelles , n'ayants nullement ce pouuoir de leurs suiets : De
mesme sainct Pierre & ses successeurs,
sont ordonnez Chefs par Iesus-Christ,
pour gouuerner l'Eglise , & non pas
qu'ils tiennent ceste charge eminente
de la mesme Eglise. Ce n'est pas aussi
aux oüailles de se donner vn Pasteur,
n'y a la famille de se choisir vn Patron
& Pere commun, pour sa conduicte.
Les Rois sont dits proprement Ministres de Dieu d'autant qu'ils sont insti-
tuez de luy & soubs luy. Ils sont aussi
dits Ministres des peuples, mais im-
proprement par ce qu'ils ne tiennent
pas l'administration de la main des
peuples, ains par ce qu'ils leur seruent
leur administrant la Iustice, & les com-
blant de tous les biens requis pour viure heureusement en paix. Autant en
peut-on dire du Pape qui en quelque
façon pour les functions de sa charge,
pourroit-estre dit Ministre de l'Eglise,

feruant comme il faict pour le bien &
vtilité de l'Eglise, non que de cela on
puiſſe iuſtement inferer qu'il tienne
d'autre que de Dieu, la dignité qu'il
exerce en l'Egliſe.

Il appert de ce que deſſus que Ieſus-
Chriſt eſt Chef primitif, abſolu & inde-
pendant de toute l'Egliſe, à laquelle il
influe la vie ſpirituelle par ſa grace, le
Pape n'eſtant que chef ſubalterne &
dependant de ceſte authorité primitiue & originelle, noſtre Seigneur ayant
iugé raiſonnable que l'Egliſe militante, qui eſt vn corps viſible, euſt auſſi
vn Chef viſible, pour ce qu'autrement
c'euſt eſté comme vn corps difforme &
monſtrueux. Si bien qu'à parler nette-
ment Ieſus-Chriſt eſt Chef eſſentiel de
l'Egliſe, & le Pape Chef miniſteriel,
comme legitime ſucceſſeur de ſainct
Pierre, auquel ſeul & à part noſtre Seigneur donna les clefs, les autres Apoſtres n'ayans eu que la puiſſance de lier
& delier les pechez, qui n'eſt que l'v-
ſage & exercice de la iuriſdiction des
meſmes clefs, dont la proprieté eſt de-
meurée à ſainct Pierre, priuatiuement

aux autres Apoftres. Apoftres dy-ie
qui ne fe font auffi iamais attribué
l'Empire fur toute l'Eglife. C'eft pourquoy apres leur decez la feule Chaire
de fainct Pierre, a efté appellée par excellence ie fiege Apoftolique. Ce qui

Epift. 192.

faict dire à fainct Auguftin *que la princi-*
*pauté du fiege Apoftolique à toufiours fleury*
*en l'Eglife Romaine,* mefme fainct Pierre
ayant a eftre Chef de l'Eglife, il failloit
neceffairement qu'il le fuft auffi des
Apoftres qui en eftoient comme les
Princes & parties nobles, veu que les
membres particuliers de l'Eglife, pour
honorables qu'ils foient ne font pas vn
corps parfaict & accomply, finon en
tant qu'ils font vnis & comme collez à
leur Chef.

Or combien que les Apoftres ayent
eu vn pouuoir eminent en l'Eglife cela

Pag. 3.

ne raualle point l'authorité fouueraine
de fainct Pierre, ny ne le rend point
efgal à eux comme pretend ce Docteur
tenebreux par vn paffage de fainct
Bernard, là où ce fainct Perfonnage
exhorte le Pape Eugene qui auoit efté
Moyne de fon cloiftre à ne s'en or-
gueillir,

gueillir mesprisant ou confondant les
membres de l'Eglise, sans rendre à vn
chacun le rang qui luy appartient:
Mais que de cela on puisse inferer que
sainct Bernard n'ait recogneu la souueraine puissance du Pape sur toute l'E-
glise vniuerselle, c'est auoir l'ame & la
plume de Bezé, de Caluin, du sieur
du Plessis, & non pas d'vn vray Docteur
de Sorbonne. Car voicy le langage
plein d'honneur & de reuerence, que
sainct Bernard tient au mesme Pape Eugene, où il exalte & magnifie
l'excellence de sa charge. *Tu es celuy dit* Lib. 3. de onsider.
*il à qui les clefs ont esté baillées, à qui les brebis*
*ont esté données en garde. Il y à bien aussi*
*d'autres portiers du Ciel, d'autres Pasteurs*
*du troupeau, mais tu as herité à ce double nom*
*d'autant plus honnorablement, par ce que*
*c'est auec autre difference que tous les autres.*
*Ils ont quant à eux les troupeaux qui leur*
*sont assignez chacun vn, mais à toy tous se*
*sont baillez vn à vn. Et tu n'es point seule-*
*ment le Pasteur des brebis, mais aussi le seul*
*Pasteur de tous les Pasteurs. Demandes tu*
*d'où ie prouue cela? De là parolle de Dieu.*
*Car à quel, ie ne dy pas des Euesques, mais*

*mesme des Apostres est ce que toutes les brebis ont esté ainsi commises absolument & sans exception? Pierre si tu m'aymes pais mes brebis. Quelles? Les peuples de ceste cité, ou de ceste region ou de certain Royaume? Mes brebis dit-il. Qui est celuy qui ne voit qu'il ne luy en a point designé quelques vnes, mais qu'il les luy a toutes assignées? Il n'y a rien d'excepté où il n'y a rien de distingué. Et mesme les autres condisciples estoient presens quand baillant la charge à vn il recommandoit l'vnité en vn troupeau, en vn Pasteur suiuant ce qui est dit vnique est ma colombe, ma belle, ma parfaicte. Là où est l'vnité là est la perfection. Et encores ailleurs il appelle le* Pape, *le protecteur de la verité, le Docteur des gents, le Chef des Chrestiens, l'ame de l'Espoux, le Paranimphe de l'Espouse, l'ordinateur du Clergé, le Pasteur des peuples, la verge des puissants, le marteau des tirans &c.*

**Lib. 4. de consider.**

Qu'ô iuge ie vous prie, de tout ce discours si S. Bernard à eu iamais dessein de parler au desaduantage de la dignité du Pape, ne me pouuant assez estonner de l'insipidité de ce Docteur en blanc, qui dit que nostre Seigneur en

donnant les clefs à sainct Pierre ne luy
dit *l'edifieray ton Eglise sur ceste Pierre*, ny
ne luy dit non plus *pais tes oüailles, pais tes
agneaux,* inferant delà que l'Eglise n'est
pas de S. Pierre, mais de Iesus-Christ.
Niaiserie grande certes, & indigne
d'vn homme de sa robe, comme si les
peuples estoient moins peuples des
Rois encores que Dieu les appelle
siens en plusieurs lieux de l'Escriture,
comme quand il dit à Salomon *Regy
mon peuple auec sapience.*

Il destourne aussi pour interpreter
l'Escriture vn autre passage de sainct
Bernard, que Beze allegue en ses mar-
ques pretendues de l'Eglise sur ce mesme suiet, & à mesme fin que nostre
Docteur là ou escriuant de rechef au
Pape Eugene, il luy dit *Sois si hardy de t'a-
tribuer ou l'Apostolat en Seigneuriant ou
droict de seigneurie en t'appellant Apostolique,
l'vn & l'autre t'est ouuertement deffendu, &
si tu les veux auoir tous deux, tu les perdras
tous deux &c.* Mais l'intention de sainct
Bernard n'a esté que de monstrer au
Pape les regles de la modestie, ausquel-
les il deuoit ranger ceste souueraine au-

*Lib. 2. de
consid.*

thorité & non pas de luy ravir, la luy
donnant si souuent en ses escrits que
c'est merueille comme cest homme a
le front d'appeller ce sainct Pere à garand de ses erreurs. Oyez donc derechef le langage qu'il tient sur la iurisdiction absolue du Pape. *La plenitude de*
*pouuoir* dit-il *sur toutes les Eglises du monde*
*a esté donnée par vne singuliere prerogatiue*
*au siege Apostolique. Quiconque resiste donc*
*à ce pouuoir, il resiste à l'ordonnance de Dieu.*
*Il peut , s'il le iuge vtille ordonner nou-*
*ueaux Eueschez ; ou il n'y en auoit point eu*
*encores. Il peut de ceux qui sont, en rabaisser*
*les vns & releuer les autres comme la raison*
*luy dictera. De sorte que des Euesques il luy*
*est loisible d'en faire des Archeuesques , &*
*au contraire s'il luy semble necessaire. Il*
*peut faire venir vers luy du bout du monde*
*quelques personnes Ecclesiastiques que ce*
*soient & les contraindre à se representer par*
*deuant luy, non pas vne fois ou deux , mais*
*toutesfois & quantes qu'il le trouuera bon. Au*
*reste il luy est aisé de punir toute desobeissance,*
*si l'on ose se bander contre luy.*

On voit neantmoins comme ce Docteur mal illuminé voudroit faire ac-

Epist. 131.

croire que sainct Bernard a fauorisé la mauuaise doctrine, qu'il a dessein d'introduire, ne voulant pas mesme que les Eglises particulieres soient gouuernees par les Euesques d'vne puissance absolue. Si bien que l'Euesque ne pouuant ny excommunier les Prestres de son Dioceze, ny les ranger à leur deuoir si le cas y eschet, Dieu sçait comme tout ira en desordre. Chose que les Lutheriés font conscience d'admettre. Car la confessió d'Ausbourg porte *que l'Euesque à puissance d'Ordre, & puissance de Iurisdiction, l'vne en ce qui regarde la predication de la parolle, & l'administration des Sacrements. L'autre en ce qui touche l'authorité d'excómunier ceux qui sont coulpables de crime public, ou de les absoudre s'il le desirent apres leur penitence.* Et si d'ailleurs en la tenue des Conciles, les simples Prestres qui ont charge d'ames, y sont receuz y ayans voix deliberatiue comme il songe, ce ne sera plus Monarchie ny Aristocratie, ains pure Democratie. Confusion certes qui seroit lamentable en l'Eglise : Mais quoy ? c'est l'esprit de Beze qui l'anime & qui luy faict

*Pag. 6*
*Quoniã particulares Ecclesias iti dem canonñ nõ absolut. potestate gubernari oportet.*

*De potestate Ecclesiastica.*

*Pag. 8.*
*Senatum aut cõcilium natiuum Ecclesia vocamus nõ modo Episcopos, verum etiam omnes presbyteros curã animarũ gerentes.*

proposer ceste belle police. *Et pourtant nous disons que l'assemblée d'vn Concile, principallement vniuersel, lequel il ne faut conuoquer s'il n'y a bien grandes causes & fort necessaires, doit estre tellement limité à certaines personnes, comme dit a esté que cependant nul ne doit estre forclos d'estre ouy &c.*

Il se trompe encores quand il dit qu'il luy semble que l'Eglise n'a point de Chef si le pape vient a defaillir, comme si les Royaumes electifs sont moins Estats Monarchiques durant l'interregne & iusqu'a ce qu'on ait esleu vn Roy.

Ce Docteur hargueux voulant aussi surhausser l'authorité des Conciles, il rauale tant qu'il peut celle du Pape, en disant que ce passage où il est escrit *quand vous serez assemblez deux ou trois en mon nom, exclud l'absolue & infallible puissance du Pape.* Mais helas ou en serions nous si le Pape n'estoit fortifié d'vne grace & faueur particuliere de l'esprit de Dieu, pour la conduite de son Eglise sans les Conciles? Certes ie defere beaucoup à la conuocation, aux canons & decrets des Conciles mais puis-

que les Euesques qui y assistent sont
tous membres deputez des prouinces
& nations de la Chrestie..té, qui font
l'Eglise vniuerselle representatiue-
ment lors qu'ils sont vnis soubs leur
chef comme vn corps parfaict & accomply, i'estime que nul Concile ne
peut estre dit vray & legitime, s'il n'est
conuoqué soubs l'authorité & par le
commandement expres du Pape, ainsi
qu'aux Estats generaux en vne Monarchie rié n'est authorisé que ce qui pro-
cede de la volonté & bon plaisir du
Prince. Et en ce qu'on va question-
nant inutillement si le Pape est par dessus le Concile ou non, c'est chercher
suiet de noise mal à propos. Car si la
dignité du Pape est contestée & reuo-
quée en doute, il est tres-certain qu'en
ce cas le Côcile en peut cognoistre d'authorité, mais du Pape legitime & recogneu par toute l'Eglise Catholique, il
faut croire que c'est le Chef qui doit ad-
herer à son corps & que l'Eglise ne peut
sans luy, decider validement d'aucun
poinct de religion. Et tout ainsi que le
Prince qui de son mouuement ou de

l'aduis de fon Confeil, aura faict vne
ordonnance & enioinct à fon peuple
de la garder s'il furuient quelque chofe
à expliquer fur l'obferuation d'icelle,
ce mefme Prince peut-il pas d'authorité la modifier ou exagerer felon que
bon luy femblera? Quelle iuftice y a-il
auffi de dénier au Pape qu'il ne puiffe
apres la tenuë d'vn Concile, efclarcir,
expliquer & refoudre les difficultez,
qui naiffent aux canons & decrets du
mefme Concila? Faudra-il à chaque
moment donner cefte peine à l'Eglife vniuerfelle de s'affembler en corps?
Mais il femble qu'en depit qu'en ait ce
Docteur il faut qu'il cede à la verité.
Car quoy qu'il die que le Pape à vne
plenitude de puiffãce fur les Eglifes par-
ticulieres&nõ pas affemblees en Cõci-
le,neantmoins il peut dit il *l'exercer en
ce qui touche l'execution, l'interpreta-
tion & difpenfation des canons.* Qui peut
donc difpenfer, interpreter n'eft-il
pas par deffus ce qu'il difpenfe & interprete,pour y faire donner foy & creance, obligeant nos confciences à ac-
quiefcer à ce qu'il aura determiné?

Il eft

*pag.* 15.

Il est donc besoing pour nostre salut,
& pour l'eternelle direction de l'Eglise,
que le Pape soit rousiours assisté de l'esprit de Dieu, sans faillir ny errer aux de-
cisiõs de la foy. Car en cela mesme que le
Pape conuoque les Conciles, apparoist
vn rayon de son infallibilité, Dieu luy
suggerant ce sainct mouuement de
pouruoir aux necessitez de l'Eglise iu-
geant s'il est à propos de conuoquer vn
Concile ou non.

Tous les autres Euesques estans aussi
enuoyez, & le Pape seul sans estre enuoyé d'aucun, les recueillant sous ses
aisles, est vne marque certaine de l'e-
minence de son pouuoir, outre qu'il ne
se fait nulle closture canons ny decrets
des Conciles sans son approbation.
Voudroit-on au moins denier au Pape l'infalibilité morale, qu'on feroit cõ-
science de refuser au Magistrat qui iuge de la vie, des biens, & de l honneur
d'autruy? Car à quoy les appellations
de l'Euesque au sainct siege Apostolique, à quoy le recours ordinaire que
tous les peuples Chrestiens ont au Pape, si on ne luy cõcede vne infalibilité,

G

qui descoule de la prerogatiue de sa charge suiuant la priere que nostre Seigneur fit à Dieu son pere, que la foy de sainct Pierre ne defaillist point? Aussi est-ce sur ceste baze, que la sacree Faculté de Paris, repose l'infalibilité du chef de l'Eglise, côme on voit en ses conclusions cy-dessus alleguees, & lesquelles dementent cest enfant denaturé, qui conuertit le laict de sa mere en venin, disant que, *Iesus-Christ a dit à sainct Pierre, qu'il n'auoit pas prié qu'il n'errast point, ou qu'il fust infaillible, mais seulement que sa foy ne defaillist point.*

Nous voyons neantmoins que ce Docteur d'opinion Aristocratique, estend si peu l'Empire, & la puissance du Pape, qu'il veut qu'il soit seulement en l'Eglise, & dans les Conciles, ce qu'vn certain Duc du monde est en sa Republique, ne luy donnant autre entremise que d'acquiescer au commun consentement des Euesques, ne pouuant rien faire d'important, sans en auoir consulté & assemblé vn Concile: Mais si le Pape ne peut rien ordonner, quel rang veut il qu'il tienne? Sera-il moins

fur l'Eglife vniuerfelle , que n'eft
le moindre Potentat d'Italie, qui peut
faire des loix, & obliger fes fubiects
à les obferuer ? Le bon eft, que ceft
homme qui n'eftant iamais forty du
College, il luy eft aduis qu'à tout
propos on doit conuoquer vn Concile, comme fi cela fe faifoit auec la
mefme facilité que les affemblees
de Sorbonne qui fe font tous les premiers iours du mois. Si bien que
voulant vne frequente conuocation   *Pag. 8.*
de Concile, il dône puis apres, pour
raifon qu'Ariftote enfeigne en fes   *Pag. 15.*
Politiques. *Qu'il vaut beaucoup mieux*
*eftre gouuerné par la loy, que par le pouuoir*
*d'vn feul, &c.* O que cefte maxime
fent le bon François ! ô qu'elle eft fa-
uorable à la Royauté ! Ce n'eft pas
qu'Ariftote ne prefere ailleurs la
Monarchie à toute autre forme d'E-
ftat : mais viuant fouz vne Republique, ce luy euft efté crime d'en mef-
prifer le gouuernement. Ie dirois volontiers à ce prefcheur d'Arifto-
cratie, ce qu'on repartit à celuy qui
la vouloit introduire en fon païs, au

preiudice de la Royauté : *Mets la pre-*
*mierement dans ta maison, & tu verras*
*quel des deux vaut mieux.*

Pag. 15.

Quelle refuerie eſt-ce auſſi à ce
nouueau dogmatiſeur, de dire que
le Pape commande ſur toutes les E-
gliſes particulieres, eſparſes par tout
le monde, & non à toute l'Egliſe vniuerſelle, aſſemblee au Concile? C'eſt
ſe ioüer en choſes graues & ſerieuſes.
De quel droict eſt-ce donc que les
Papes ont condamné pluſieurs he-
reſies, ſans la conuocation des Conciles? De quel droict eſt-ce, que tous
les Prelats de la Chreſtienté s'aſſem-
blent au commandement du Pape,
s'il n'eſt auſſi bien chef du tout, que
des parties?

Ie ne ſçay non plus à quel propos
Pag. 14.
il cite vn paſſage de Flodoardus, ancien hiſtorien François, & Chanoi-
ne de Rheims, par lequel il veut in-
Lib. 3. cap.
ferer, *Que les decretalles des Papes deuant*
22. fol. 243. *le Concile de Nicee ſont de peu de foy:* Mais
qui prendra la peine de lire l'autheur
meſme, il trouuera qu'il n'y a rien
qui tende à cela. Car Hincmarus

Archeuesque de Sens, escriuoït à vn autre Hincmarus Euesque de Laon son nepueu, touchant certaine excommunication qu'il pretendoit n'auoirpas esté iuridiquemét faicte, & se plaignant de luy, il luy represente son deuoir en ces termes. *Apres ces choses, dit-il, cherchant des subterfuges, afin que tu te peusses affranchir de la subiection de ton Metropolitain, tu as recueilly vn liuret des escrits des anciens Peres, faicts auant les Canons sacrez du Concile de Nicee, ausquels escrits tu as entremeslé des sentences discordantes entre elles, & contre l'authorité Apostolique du sainct siege,* &c. Qu'on iuge à qui est la faute, ou aux decrets des Peres, ou à celuy qui en les recueillant, les depraue & corrompt, en y meslant des choses estrágeres, & qu'ils n'ont iamais dites? Ainsi paroist la bonne foy de ce Docteur. L'heretique Vuiclef tenoit, *que les Epistres decretalles des Papes estoient apocriphes, & que ceux qui s'amusoient à les lire estoient des fols.*

Il s'escarmouche mesme sur la puissance absoluë du Pape, *laquelle, dit-il,*

In quibus sentétias inter se dissonas, & contra Euangelicam & apostolicæ fidei authoritatem immiscuisti.

Arti. 38.

Pag. 13.

G iij

*Epist.84. ad
Anastà. Vt
ses enim no-
stras ita tuæ
credimus ca-
ritati vt in
partem sis
vocatus soli-
citudinis
non in pleni-
tudinem po-
testatis.*

*9.q.3.ca.ip
si sint.*

les derniers venus s'efforcent d'introduire contre tout droict diuin & humain. Leon le Grand, qui n'est pas des modernes, s'attribuoit neätmoins cette puissance absoluë, la reseruant à luy seul, sans la cōmuniquer qu'en partie à ses Vicaires. Si les Canons ordonnent aussi qu'on ne peut appeller du Pape, n'est ce pas vne marque visible de puissance absoluë? Il cognoist vn homme qui a le nez fait comme luy, qui n'a pas tousiours tenu ce langage, ains qui en soustenant les Theses de son Doctorat, attribuoit autant largement au Pape, qu'il luy rauit maintenant. L'Heresiarque Iean Hus, qui fut bruslé du temps du Concile de Constance, n'estoit pas plus amy de l'authorité supreme du Pape, qu'est ce Docteur. Car il mettoit en auant en ses articles, *Qu'il n'y auoit nulle apparence qu'il deust y auoir vn chef qui gouuernast l'Eglise militante, aux choses spirituelles, & que Iesus-Christ sans vn tel chef monstrueux, par ses vrais disciples espars par tout le monde, gouuerneroit mieux son Eglise.* Il disoit aussi, *que sainct Pierre ne*

*Artic. 27.*

*fut iamais chef de l'Eglise.* Doctrine conforme à celle de son compagnon, qui
tenoit, *que le Pape n'estoit Vicaire imme-*
*diat de Iesus-Christ.* Voyla les parrains
du Docteur.

    Il est encore plaisant sur ce qu'il
auance, *Que toute la Chrestienté ayant*
*sommeillé en de profondes tenebres, depuis*
*huict cens ans, les Papes se sont aquis vn*
*plein pouuoir de tout ordonner.* Si bien
qu'à ce compte , & oüailles & Pasteur, auront failly & erré vn si long
espace de temps sans lumiere , sans
pureté de doctrine, & par consequét
sans salut. Il n'y aura point eu en cest
interualle de vrais Conciles , point
de vrais Papes qui ayent iustement
condamné les heresies de Beranga-
rius, des Henriciens , des Petrobu-
siens , des Vaudois , des Albigeois,
des Luthetiés, des Caluinistes. Tous
ces sçauans Theologiens qui ont
fleury depuis huict cens ans, ont esté
aueugles , comme entre autres , vn
Lancfrangus, vn Guitmundus, vn
Hildebertus Turonensis, vn Ansel-
mus Cantuarensis, vn Petrus Lom-

*Vuiclef. art,*
*73.*

*Pag. 16.*

G iiij

bardus, vn sainct Bernard, vn sainct
Thomas d'Aquin., vn sainct Bona-
uenture, vn Scot, vn Durand, & vne
infinité d'autres grandes lumieres,
auront, dy-ie, trahy l'Eglise, auront
laissé couutir ce champ de ronces &
d'espines. Il n'y aura que ce Docteur
depuis les baricades qui nous eiclaire
auiourd'huy, qui nous allume le flambeau, qui nous enseigne que c'est que
de la vraye Religion: Mais où a il appris à iouer ce personnage contre le
Pape, que dans les escrits du sieur du
Plessis qui faisant contenance d'a-
uoüer de la pureté en l'Eglise, durant
les premiers siecles, dit, *que de là en*
*auant donc l'authorité d'vn seul hom-*
*me gaignant en l'Eglise Romaine les*
*Princes aussi comme il estoit predit luy*
*prestans leur puissance commé à l'enuy; il ne*
*tient plus borne, ny mesure, faict & defaict*
*les loix à son plaisir, preferé les inuentions*
*humaines aux oracles diuins, & ses decrets*
*aux Canons &c.* Et vn peu apres ces
choses dit-il se rencontrèt auec le septiesme,
huictiesme, neufiesme siecle &c. Et con-
formement aux escrits de ce Docteur

En la Pre-
face du pre-
tendu my-
stere, d'ini-
quité.

êteur il veut faire accroire que tout
a esté depuis en tenebres *Appellons* Ibidem.
dit ce temps le crepuscule, l'entrechië *&*
loup de l'Eglise, qui peu à peu s'enfonçoit
en nuict toute noire. Nuict sans lune,
peu d'Estoilles *&* celles qui brilloient la
plus part, errantes non attachées au firma-
ment de la parolle de Dieu *&c.*

Qu'on iuge vn peu sur cela de la
bonne foy de ce Docteur, qui ayant,
quoy qu'indigne, assisté en qualité de Scindic de la Sorbonne, à
la censure du liure de du Plessis em-
ploye neantmoins dans ses escrits le
mesme langage, nous ayant voulu
besler de ceste finesse cousüe comme
on dit de fil blanc, de mettre la mesme censure à la fin de son liure, com-
mes'il n'auoit rien de commun à la
mesme doctrine des Heretiques:
Mais voyons vn peu quelle iurisdiction le Pape exerce en l'Eglise depuis huict cens ans, qu'il ne l'ait
pratiquée en tous les siecles precedents, auec le mesme pouuoir &
authorité qu'il faict auiourd'huy.
Premierement pour ce qui regarde

la conuocation & presidence des
Conciles , l'histoire de l'Eglise remarque qu'vn certain Concile qui
fut tenu en la ville d'Antioche, par
quatre-vingt dix Euesques, fut cassé
pour ce que *Iules Euesque de Rome n'y*
*estoit point , & n'y enuoya personne pour*
*suppléer sa      ce , & ce attendu que la re-*
*gle Ecclesi..    ne ordonne qu'il ne faut*
*point faire d.  Concile sans l'aduis de l'E-*
*uesque de Ron.*   Sozomene tesmoigne
que le mesme Pape reprocha ausdits
Euesques que contre les loix de l'E-
glise ils ne l'auoient appellé au Con-
*cile d'autant qu'il y auoit vne loy sacrée*
*qui cassoit tout ce qui se faisoit contre l'aduis*
*de l'Euesque de Rome.*   Ce n'est pas que
les Primats & Archeuesques ne
puissent assembler des Conciles en
leurs destroicts , mais non pour y
traicter des poincts decisifs de la foy
sans l'authorité du Chef de l'Eglise,
tels Conciles nationnaux ou Pro-
uinciaux , n'estans volontiers con-
uoquez que pour faire obseruer ce
qui a desia esté ordonné & pour
prendre cognoissance des contra-

uentions qui se font aux decrets des
Conciles generaux, ou en la police &
discipline de l'Eglise, Cest pourquoy
les Peres du Concile de Calcedoine,
condánerêt Dioscorus Patriarche d'A-
lexãdrie *de ce qu'il auoit osé tenir vn Côcile* Act. 1.
*sans l'authorité de S. siege Apostolique.* Et
en ce que touche la confirmation des
Conciles, les Peres de celuy de Nicee
premier escriuirent au Pape Siluestre,
*Nous vous prions d'  vouloir confirmer par* Tom. 1.
*vostre bouche tout ce   ue nous auons ordonné* Concil.
*au Concile de Nicée.* Les Peres du Con-
cile general second tenu à Constanti- Theodo. lib.
nople, requirent la mesme chose du 5. cap. 8.
Pape Damasus. Le Concile d'Ephese Euagr. 1.
premier protesta aussi qu'il deposoit hist. 4.
Nestorius, par le commandement des
lettres du Pape Celestin, & le mesme
Concile ayant trouué la cause de Iean
Patriarche d'Antioche plus douteuse
que celle de Nestorius, ne voulut y
toucher, ains la renuoya au iugement
du Pape. Les Peres du Concile de
Calcedoine, escriuirent en ces termes, au Pape Leon le grand. *Nous*
*te prions que tu honores nostre iugement* Act. 3.

H ij

*par tes decrets & que ta fermeté rem-*
*plisse ce qui est necessaire à tes enfants.* Cest
ce mesme Concile qui honorant la
dignité du Pape, ne faict la petite
bouche de l'appeller *l'Euesque de l'Egli-*
*se vniuerselle, celuy auquel la vigne a esté*
*commise par nostre Seigneur.*

Et quant aux personnes qui doiuent auoir seance & entrée aux Conciles, c'est vn rang qui n'est deu qu'a
ceux qui sont honorez de l'Episcopat,
ainsi que tesmoigne l'Empereur Theo-
doze le ieune escriuant aux Peres du
Concile d'Ephese. *Il n'est licite* dit-il
*qu'a celuy qui est de l'ordre des Euesques de se*
*mesler des affaires de l'Eglise.* Les Peres
du Concile de Calcedoine firent
sortir de l'assemblée ceux qui
n'estoient de la qualité requise. Ce
n'est pas que le simple Prestre & Reli-
gieux eminens en sçauoir n'y puissent
auoir entrée non pour y deliberer, mais
pour y contribuer tout l'esclarcisse-
ment qu'ils pourront aux poincts qui
tombent en controuerse sur le faict de
la Religion. Voyla ce que l'Antiquité
a deferé aux Papes, pour la tenuë des

Conciles n'estimant point qu'ils en de-
mandent d'auantage auiourd'huy.
Car pour la conuocation ie laisse à iuger aux plus sages, qui est plus seant,
ou que le berger assemble les oüailles,
ou les oüailles le berger, comme aussi
de resoudre pour l'authorité qui est
plus approchant de tout bon ordre,
ou que le chef soit par dessus les membres ou les membres par dessus le chef.
I'apprens neantmoins de ce grand Iu- *Iulius clarus lib. 5. parag. final.*
risconsulte, que lors qu'il est besoing
de la degradation du Pape, en cas
qu'il soit notoirement conuaincu d'heresie, le Concile luy defere encores ce
respect de remettre à luy mesme sa propre condamnation, auant que de passer outre, tant on a en honneur sa di-
gnité. Ce Docteur veut neantmoins *Pag. 25. Inde sequi necessario. Concilium quoad dire-ctioné regi-minis, coer-tionem & potestatem sanciendorū canonum su-prema habe-re auctori-*
que le Concile ait riere soy toute
l'authorité souueraine, soit pour la direction du gouuernement, soit pour
faire des canons & pour contraindre à
l'obseruation d'iceux, le Pape n'ayant
qu'vn simple vsage ou iurisdiction des
clefs sur les Eglises particulieres. Se-
roit-ce estre maistre ou valet?

H iij

*tatem Petrū vero quo ad exequutionē atque exer- citium aut vsum cla- uium ega Ec- clesias parti- culares.*

*In Concil. Calce. act. 7.*

*Epist. 34. ad Martia.*

*Lib. 4. Epist. 34. ad Con- stan. Augu.*

Or touchant l'Empire & iurisdi- ction, que le Pape à de tout temps exercée sur les autres Euesques de la Chrestienté, c'est chose si notoire qu'il faut estre du tout ignorant des bons liures pour le reuocquer en doute, ainsi que ie iustifieray par quelques exemples empruntez de la pratique vniuerselle des premiers Papes, tant pour la promotion, que demission & protection des Euesques. Ne fust ce pas vn Leon le grand qui confirma en son Euesché Maximus Antiochenus? Ne fust-ce pas aussi par son consente- ment que Anatolius Euesque de Constantinople fut pourueu de ceste dignité? Sainct Gregoire le grand ne se plainct il pas de ce que sans son sceu on auoit installé vn Euesqué en sa charge comme chose qui n'estoit ia- mais arriuée sous nul Empereur prece- dent? Ne remarque on pas aussi en plu- sieurs de ses Epistres qu'il auoit accou- stumé d'enuoyer le manteau à diuers Archeuesques de grece, des Gaules & d'Espagne? N'est-il pas notoire que les Papes ont demis & restitué de tou-

te Antiquité plusieurs Euesques ? Ne
fust-ce pas vn Damasus qui deposa
Flauianus Patriarche d'Antioche, &
qui n'eust iamais esté remis s'il n'eust
ployé à son deuoir ? Ne fust-ce pas
Sixte troisiesme qui deposa Polichro-
nius Euesque de Hierusalem ? Au contraire ne fust-ce pas le Pape Iule qui re-
stablit en vertu des priuileges de son
siege sainct Athanase Patriarche d'A-
lexandrie, Paul Euesque de Constantinople, & quelques autres qui auoient
esté demis par diuers Conciles Orien-
taux, de la faction Arrienne & leur
restitua leur Episcopat ? *Pour ce dit l'hi-*
*stoire qu'à l'Euesque de Rome, à cause de la*
*dignité de son siege, appartient le soing de*
*toutes choses, il leur restitua à chacun son*
*Eglise.*

 Et quant aux decrets faicts par les
Anciens Papes lisez comme ce mesme
Leon le grand en recommande l'obseruation à plusieurs Euesques, iusqu'a
leur dire *que si aucuns d'eux les mesprise*
*il n'y aura plus apres lieu de grace ny de par-*
*don.* Semblable menace lirez vous en
sainct Gregoire contre toute sorte de

*Theod. lib.*
*5. cap. 23.*

*Tom. Conc.*
*act. six. 3.*

*Sozom. lib. 3.*
*cap. 8.*

*Epist. 1.*
*ad Episc.*
*Campaniæ.*

personnes pour eminente que soit leur qualité. *Si aucun Roy* dit-il *Prelat, Iuge ou autre personne seculiere, viole les decrets de nostre authorité Apostolique & de nostre ordonnance qu'il soit privé de son honneur.* Les dispenses ont esté aussi pratiquées anciennement comme auiourd'huy, ainsi qu'il appert en l'Epistre premiere du Pape Gelase, *afin* dit il *que nous reperiōs autant qu'il se peut, & par meure consideration les choses que la necessité du temps requiert d'estre relaschées pour la restauration des Eglises.* Sainct Gregoire mesme escrit à Felix Euesque de Sicile, qu'il a donné dispence aux Anglois touchant les mariages en degrez prohibez.

Pour le regard de l'excommunication le Pape Victor des l'Eglise naissante, prononça anatheme contre tous les Euesques d'Orient qui n'auoient voulu obeir à l'ordonnance de Pie premier sur la celebration du iour de la Pasque, sans que nul luy ait iamais contredit qu'il n'ait eu l'authorité de ce faire. Bref Rome & les Euesques de ceste Eglise ont tousiours esté

aussi

auſſi le refuge des oppreſſez, comme il appert en la perſonne de ſainɛ̃t Chryſoſtome banny de ſon ſiege par les menées d'vn Theophile Patriarche d'Alexandrie. Vn Theodoret recourut à ce meſme ſiege en ſon affliɛ̃tion. Et ſi aucun Eccleſiaſtique démarque auoit eſté lezé par ſes premiers Iuges, il en appelloit dés ce temps là au Pape, comme au Iuge ſouuerain de l'Egliſe, ainſi que teſmoigne le Pape Gelaſe, *les canons dit il ne permettant qu'on appelle de ce ſiege.* Vn Marcion eſtant excommunié en Orient par ſon Eueſque, vint à Rome pour eſtre abſouls. Vn Fortunatus, vn Feſtus depoſez en Afrique par ſainɛ̃t Cyprien, en appellent au Pape Corneille. Vn Baſilides depoſé en Eſpagne, en appelle au Pape Eſtienne. Vn ſainɛ̃t Athanaſe depoſé en Orient, en appelle au Pape Iules qui le reſtitua comme i'ay dit cy-deſſus à cauſe de la dignité de ſon ſiege. C'eſt pourquoy le Concile de Sardigue tenu l'an trois cens quatre, fiſt vn Canon fort celebre touchant les appellations des Prelats en ces termes. *Il a pleu*

*Epiſt. ad Innocent.*

*Epiſt. ad Leo.*

*Epiſt. ad Fauſt.*

*Epiph. hæreſ. 42.*
*Cypr. lib. 1. Epiſt. 3.*

*Cypr. lib. 1. Epiſt. 4.*

*Cöcil. Sard. impreſſ. Tigur. can. 5.*

*que si l'Euesque a esté accusé, & que les
Euesques de la contrée assemblez l'ayent de-
posé de son degré, qu'il recoure par forme
d'appel, au tres-heureux Euesque de l'Eglise
Romaine & qu'iceluy luy preste l'oreille, &
estime iuste que l'examen de l'affaire soit re-
nouuelé &c.* Le Concile Mileuitain
recourant aussi au Pape Innocent, premier luy parle en ces termes. *Nous vous
prions qu'il vous plaise appliquer vostre soing
Pastoral aux infirmes membres de Christ.*
Le Concile de Carthage escriuant au
Pape. *Nous auons estimé nostre Seigneur
& sainct frere, deuoir notifier cest acte à
vostre charité, afin qu'aux statuts de nostre
mediocrité soit aussi apposée l'authorité du
siege Apostolique.*

Cest là ce me semble assez de preu-
ues pour satisfaire au plus acariaste esprit du monde, & pour luy iustifier que
le Pape n'a rien exercé en la iurisdiction de l'Eglise depuis huict cens
ans qu'il ne l'ait pratiqué iustement &
sans contredit aux siecles precedents,
de la plus claire source desquels i'ay pui-
sé tous ces exemples & tesmoignages
pour faire voir aux aueugles mesmes la

puissance spirituelle du Pape, *tirée dit* la voix sacrée du Concile *de l'authorité des sainctes Escritures.* Afin de faire voir aussi qu'en cest aage d'or, en ceste premiere pureté de mœurs & de doctrine, les grandeurs temporelles ne se sont iamais opposées à la puissance du Pape, soubs couleur d'vne ardante conseruation de leurs droicts, ie diray que les Empereurs comme vrays nourriciers de l'Eglise recognoissoient les Papes, les soustenoient & fortifioient, ainsi que nous en font foy ces deux Heros Theodose & Valentinian. *Tout ce que l'authorité du siege Apostolique a ordonné soit tenu pour loy, de sorte que tout Prelat qui mesprisera de se rendre vers l'Euesque de Rome y estant appellé, qu'il y soit contrainct par le Gouuerneur de la Prouince* obseruant tout ce que nos deuotieux Ayeux ont apporté de respect à l'Eglise Romaine, Ils ordonnerent aussi par decret irreuocable, *qu'afin qu'il ne naquist aucun trouble ny diuision entre les Eglises, ou que la discipline de la Religion fust relaschée, que les Euesques de France ny des autres Prouinces n'entreprissent aucune chose contre l'ancien-*



*Auguft.
Ibid. Epiſt.
92.*

*Codic. titul.
24. de Epiſc.
ordinat.*

*Ibid.*

ne coustume sans l'authorité du Pape. L'Empereur Iustinian laisse à la posterité vn gage assez precieux de sa deuotion, enuers le Chef dont il tenoit à gloire d'estre membre. *Comme la premiere Rome dit-il a esté la source des loix aussi n'y a-il personne qui doute que le plus haut degré de Pontificat ne soit chez elle &c.*

Et parce que c'est le propre du criminel de fuir tant qu'il peut, le rencontre de son Iuge, auquel s'il pouuoit il arracheroit le glaiue qu'il porte à la main, comme le mauuais escolier les verges du maistre, nostre Docteur desireroit volontiers de reuerser le tribunal de l'Eglise & oster sur tout au Pape ses prisons comme s'il auoit ouy dire que c'est le lieu ou les gents de son estoffe ont loisir de pleurer leurs pechez. C'est pourquoy voulant tousiours tenir la campagne sans estre oyseau de cage, il dit puis apres? *Certes si nous voulons dire vray c'est vn instinct donné de nature à tous hōmes d'estre libres & heureux. Or qui peut estre tel sans la liberté?* Ie me doutois bien que ce seroit là ou aboutiroit la nouuelle Theologie de cest homme

Nouel. 9.

Pag. 17.
*Neque territorium neque ius gladij carceris aut alterius pœnæ temporalis diuinitus habere.*

Pag. 24.

& qu'ayant leu ſon maiſtre Iean il y auroit appris a aimer la liberté. *La troi-*
*ſieſme partie de la liberté Chreſtienne dit* Inſtit. lib. 3 ch. 19. ſect. 7.
*Caluin nous inſtruiƈt de ne faire conſcience*
*deuant Dieu des choſes externes, qui par ſoy*
*ſont indifferentes. Et nous eſt auſſi la co-*
*gnoiſſance de ceſte liberté treſ neceſſaire.*
*Car ſi elle nous defaut noz conſciences*
*n'auront iamais repos & ſeront ſans fin en*
*ſuperſtition.* Il met au rang des choſes externes & indifferentes de mettre
en diſpute s'il eſt loiſible de man-
ger de la chair ou non, ſi vn iour eſt
plus ſolemnel que l'autre, *& tels autres* Ibid.
*fatrats* dit Caluin. *Car puiſque les conſcien-*
*ces ſe ſont bridées & miſes aux liens, elles*
*entrent en vn labirinthe d'ou elles ne peuuent*
*ſortir.* Si bien qu'a ceſt exemple noſtre
Doƈteur preſchant ainſi la liberté, aime mieux ſe tenir loing d'vn lieu d'ou
peut-eſtre il ne ſortiroit qu'il n'euſt
chanté la palinodie. Et abuſant à ſon
accouſtumée de l'authorité de ſainƈt
Bernard il luy faiƈt dire ce qu'il ne rap-
porta iamais à l'intention qu'il preſu-
me, comme ſi ce ſainƈt perſonnage
euſt voulu rauir au Pape toute ſorte de

I iij

*Pag. 19.*
*Neque est profecto quod hæc D. Bernar. auctoritas cuiquam religionem facessat.*

*De consider. lib. 4.*

Iurisdiction. Se doutant bien aussi que sainct Bernard osteroit luy mesme toute occasion de tirer de ses escrits aucune chose au desauantage du Pape, ce Docteur en allegue le texte, il le tronque & interprete comme bon luy semble. Voicy donc au long le discours de sainct Bernard touchant la iurisdiction du Pape. *Pourquoy dit-il luy escriuant t'essayeras tu d'vsurper derechef le glaiue qu'on t'a vne fois commandé de mettre au foureau ? Quiconque toutesfois nie qu'il ne soit à toy, ne me semble pas assez prendre garde à la parolle de Dieu qui dit ainsi. Remets ton glaiue dans le foureau. Doncques ce glaiue là est aussi tien, lequel il faut degaigner par ta volonté, encores que ce ne soit pas par ta propre main. Autrement s'il*

*Pag. 20.*
*Hæc tantum declarat Ecclesiã ius habere innuendi, id est docendi et suadendi quando princeps politicus gladio vti debet ad gloriam Dei.*

*ne t'appartenoit point lors que les Apostres dirent voicy deux glaiues le seigneur n'eust pas respondu c'est assez, mais c'est trop. Tous ces deux glaiues doncques & le spirituel & le materiel sont à l'Eglise, mais cestui-cy il le faut tirer pour l'Eglise, & celuy-la c'est l'Eglise mesme qui le tire. Cestuy la se tire par la main de l'Euesque, cestui-cy par celle du soldat : mais certes par la volonté de*

*l'Euesque & par le commandement de l'Em-*
*pereur.* Neantmoins si on en veut croire le Docteur cela ne dit rien en faueur
de l'authorité du Pape, auquel il ne
laisse pour tout glaiue que le bout de
la langue.

Voicy ce que sainct Bernard dit de
rechef au Pape en vn autre endroict
l'exhortant à la deffence des Eglises
d'Orient. *Il faut maintenant degaigner* *Epist. 256.*
*l'vn & l'autre glaiue en la passion du Sei-*
*gneur quand Christ souffre vne autrefois,*
*quand mesme il a desia souffert derechef: mais*
*par qui sinon par vous? L'vn & l'autre est*
*de sainct Pierre, l'vn se doit degaigner par*
*sa volonté l'autre par sa propre main quand*
*il en est besoing &c.* D'ou il appert que
sainct Bernard ne veut pas comme
nostre Docteur, arracher absoluëment
la puissance du glaiue au Pape, mais il
l'exhorte d'en vser à propos, & par les
voyes qu'il y faut tenir contre les ennemis de l'Eglise en s'adressant aux Princes & Monarques dela terre, qui sont
dits vangeurs de la querelle du fils de
Dieu, Protecteurs & deffenseurs des
sacrez canons d'icelle, quand le Pape

c. Principes.
23. q. 5.

implore & requiert le secours de leur authorité temporelle, *les puissances n'e-stant point necessaires dãs l'Eglise* dit sainct Isidore *sinon qu'entant que ce que le Prestre ne peut faire obseruer par sa parolle & do-ctrine la puissance le commande par la ter-reur de la peine.* Constantin le grand

Euseb. de
vita Const.
lib. 4. ca 24.

disoit aussi aux Peres du Concile de Nicée *qu'ils estoient Euesques au dedans de l'Eglise, & luy au dehors,* c'est à dire qu'il ne faisoit seulement obseruer par son authorité leurs sainctes loix & consti-tutions parmy les Chrestiens, mais qu'il abatoit les idoles, qu'il destrui-soit les temples, & renuersoit les autels des Payens. Le Pape Leon escriuoit

Epist. 75. ad
Leon. Aug.

aussi à vn de ceste qualité. *Tu dois ô Em-pereur diligemmẽt prendre garde que la puis-sance royalle ne t'est pas seulement donnée pour gouuerner le monde, mais principale-ment pour le soustien de l'Eglise.* Sainct Bernard leur apprend encores que c'est

Epist. 243.
ad Conrad.
reg. Roman.

le deuoir de l'Empereur de deffendre sa cou-ronne & l'Eglise, l'vn conuenant au Roy, & l'autre au Protecteur de l'Eglise. Si bien que la iurisdiction coërcitiue de l'E-glise encores qu'elle ne fust de droict diuin

diuin si est-ce que les Princes l'en
ayãt voulu fortifier, la possession quelle en a est iuste, & saincte pour contenir & refrener l'audace des meschants.

Et en ce que ce Docteur trouue
mauuais que l'Eglise possede quelques
biẽs temporels, ie diray que c'est chose
qui luy est arriuée par la liberalité &
deuotion des Princes Chrestiens, &
non pas que le Pape les possede du
droict de sa charge. Aussi n'a il pour
but & obiect que le seul salut des ames
n'ayant nullement esgard aux choses
temporelles sinon qu'autant qu'elles
peuuẽt seruir & estre rapportées à l'ac-
complissement de sa vraye fin, qui con-
siste non a acquerir des grandeurs &
seigneuries pour soy, ny en despoüil-
ler autruy iniustement, mais à establir
& fortifier l'Empire, l'auctorité & iurisdiction du fils de Dieu, sur son
Eglise *laquelle il a doüée de son esprit, ornée*
*de dons celestes, & enrichie neantmoins des*   Bern. ibid.
*temporels.* Reprocher en fin à l'Eglise
ce peu de biẽ & de richesses qu'elle possede, c'est n'auoir rien de Catholique,

K

Seff. 15.

ceft pluftoft fentir l'erreur condamné par le Concile general de Conftance, en la perfonne de l'heretique Vviclef grand Ayeul des Caluiniftes qui difoit que l'Empereur & les Princes feculiers auoient efté feduicts du diable, quand ils auoient enrichy l'Eglife de biens temporels.

Article. 39.

Pag. 27.
*Iuri diuino
& naturali
repugnare
caput Mini-
fteriale impe-
rium habere
abfolutum in
Ecclefiam.*
Bern. Epift.
131. ad M.-
diolanen.

Dailleurs que ce Docteur nubileux corrige fon plaidoyé, quand il dit derechef que c'eft chofe qui repugne au droict diuin & humain, que le chef Minifteriel ait vn pouuoir fouuerain fur l'Eglife. Car celuy qu'il appelle pour caution de la nouueauté de fa doctrine le dement affez net. *Certes par vne finguliere prerogatiue la plenitude de puiffance a efté donnée au fiege Apoftolique, & qui refifte à cefte puiffance il refifte à l'ordonnance de Dieu.* Et encores en termes plus expres il dit efcriuant au Pape mefme. *Qui eft affis au fiege de Pierre il peut d'vn coup eftoufer Ananias, Simon Magus, & afin que ce que nous difons foit faict plus à clair, on ne doute poinct que ce ne foit au feul Euefque de Rome de donner arreft autentique fur la depofition des Euefques parce que plufieurs font*

Epift. 238. ad
Euge.

bien appellez a vne partie de la charge, mais
luy seul a toute plenitude de puissance &c.
Aussi ailleurs pour combler la mesure,
apres auoir dit que sainct Iacques qui
sembloit estre la colomne de l'Eglise
se contentant de Hierusalem a cedé
tout l'vniuers à sainct Pierre. *La puis-*
*sance des autres* dit-il *est renfermée dans*
*certaines limites, la tienne* parlant au Pape
*s'estend sur ceux qui ont puissance sur les*
*autres. Ne peux tu pas si l'occasion s'en offre,*
*fermer le Ciel à vn Euesque, le deposer de son*
*Euesché, voire le liurer à Sathan? Que ton*
*priuilege demeure donc inuiolable, tant pour*
*les clefs qui t'ont esté données que pour les*
*oüailles qui t'ont esté commises.* Et si le Souuerain Prestre de la Loy Iudaïque auoit
iurisdiction en l'Eglise pour contenir
& refrener ceux qui luy resistoient,
comme il appert de la commission que
sainct Paul exerçoit pour saisir & per-
secuter les Chrestiens, auant sa con-
uersion à la foy, peut-on iustement
trouuer mauuais que le Pape comme
Pasteur vniuersel garde le parc des
loups & la vigne des sangliers ? Qui
peut trouuer iniuste pour peu Catho-

lique qu’il soit, que le Pape chastie les meschants, les prophanes, les impies dans ses Estats comme Prince nuëment temporel & qu’il recoure par tout ailleurs comme Chef de l’Eglise au Bras seculier, à la Iustice des Princes Chrestiens, pour reprimer l’insolence des ennemis iurez & ouuerts du sainct siege ? Mais dit le Docteur libertin *la loy Chrestienne est vne loy de douceur & de parfaicte liberté, au contraire la loy Mosaique est vne loy de dure seruitude* si bien qu’il voudroit que le Pape ne se meslast des choses de la religion qu’en discours, & par la seule doctrine cóme faict le moindre Bachelier sans qu’il eust aucun esprit d’infalibilité en ses decisiós, ny aucune iurisdiction ny authorité absolue pour les faire obseruer.

Qui est donc vray Catholique, & vray enfant de l’Eglise, ne voit de mauuais œil ceste Monarchie spirituelle du Pape sur tout le corps de la Chrestienté, ains il loüe Dieu, de voir la chaire de sainct Pierre en ceste splendeur, & la desire encores plus grande plus auguste & plus fleurissante

qu'elle n'eſt en ſes ſucceſſeurs. Monarchie ſi douce, ſi agreable à Dieu, qu'il
n'a iamais donné ſon peuple à gouuerner, que ſouz cette forme d'Eſtat. Il
ſemble auſſi qu'il nous ait laiſſé vn ca-
ractere de l'amour qu'il porte à la Monarchie, quand il forma le genre humain, l'ayant commencé par la creatió
d'vn ſeul homme, veu qu'il en pouuoit
créer vne multitude tout à la fois:
mais il ſe contenta d'vn ſeul, pour teſ-
moigner comme il ſe plaiſt que le nom-
bre infiny des indiuidus ſoit rapporté
à l'vnité. Ce reſpect de la Monarchie en
l'Egliſe, & l'admiration d'vn ſeul Paſteur, commandant à tant de diuerſes
nations, n'ayant toutes neantmoins
qu'vne meſme creance, qu'vne meſme
foy, que meſmes ceremonies, me tou-
cha tellement le cœur, pour gouſter la
Religion Catholique, que l'embraſ-
ſant de tout mon cœur, ie renoncis à
ceſt Eſtat populaire, à ceſte Anarchie, à
ceſte confuſion, qui eſt parmy les Heretiques, leſquels viuants ſans chef,
ſans vnion, n'ont nul degré de ſupe-
riorité entre eux, ayant pitié de leſ

voir ainſi miſerablement demembrez,
veu qu'ils n'ont non plus de communion de creance auec ces nations eſtrã-
geres, qu'ils n'ont de reſſemblance à
leur langage, à leurs mœurs, & à leurs
habits.    Il n'eſt pas auſſi à eſperer que
ces gens-là conuoquent iamais vn
Concile general entre eux.

Or comme il n'y a que les yeux chaſ-
ſieux qui ne peuuét regarder le Soleil:
Auſſi n'y a il que les Heretiques & leurs
adherants qui ne peuuent ſouffrir en
leur courage l'eclat de l'Egliſe Romaine & de ſes Paſteurs, n'y ayant ſorte de
pierre qu'ils ne remuent, pour la rendre
odieuſe aux peuples par toutes ſortes
de calomnies, contre ceux qui conſa-
crent leurs veilles à ſa defence. Car ces
bonnes gents, & entre autres noſtre
Docteur dit, *que les Cardinaux Belar-*
*min & Baronius affectent en leurs eſcrits*
*vne Monarchie temporelle pour le Pape,* afin
de rendre le ſainct ſiege ſuſpect aux
Rois & Princes ſouuerains, l'oreille
deſquels ils voudroient remplir de pluſieurs meſfiances, comme ſi le Pape
pretendoit ſur leurs Eſtats, ou qu'il en

Pag.20.

vouluſt eſtre inuaſeur, les degradant in-
iuſtement de leur trône. C'eſt le manteau qu'emprunte ce Docteur, c'eſt
ſouz ce pretexte ſpecieux, qu'il penſe
nous faire accroire qu'il eſt à ceſte heu-
re fort zelé au ſeruice du Prince, & à la
manutention des libertez de l'Egliſe
Gallicane, afin d'eſpandre tant plus fa-
cilement ſon venin contre le chef de
l'Egliſe: Mais qui a plus d'intereſts à la
côſeruation de ces priuileges qu'on fait
ſonner ſi haut, que le Clergé de France, à qui le Pape ou les Rois les ont
concedez? Il penſe auſſi par ceſt artifice
oſter le courage & l'aſſeurance aux Catholiques d'oſer ſouſtenir ouuertemét
la cauſe du Pape, ſouz couleur du droit
des Rois, que nous tenons inuiolable,
& que nous cheriſſons à l'eſgal de nos
vies, ſans vouloir toutesfois adorer les
erreurs de ce meſchant liure. Ce n'eſt
pas en ceſte eſcole que nous auons a e-
ſtre inſtruicts. Nous ſçauons d'ailleurs,
l'amour, l'obeiſſance, la fidelité que
nous deuons au Roy, enuers tous, &
contre tous: Celuy-là nous aprendra-
il à conſeruer la vie du Prince, & à eſtre

bons François, qui a esté autrefois si denaturé & si mauuais François, que d'auoir soustenu publiquement en la dispute de ses Theses, que l'horrible Assassin d'vn de nos Rois, auoit esté touché de zele de Religion *Tanquam vindex nostræ libertatis* ; & que ce coup execrable, *torques aureos collo Ecclesiæ, ceruicibusque nostris accumulauerat* ? La loy d'Amnestie, & l'horreur que l'ay de ces blasphesmes, fait que ie n'en rapporte icy dauantage.

Ie demanderay seulement si on peut tenir pour amy de la Royauté, celuy qui prefere l'Aristocratie à la Monarchie, celuy qui dit, *que toute Principauté n'a nulle puissance coercitiue que du consentement du peuple*, celuy qui a escrit deux lignes au dessus, qu'il n'y a point eu de collation legitime de benefices en l'Eglise, passé mille & tant d'années? Ou en sommes nous dóc reduits? Nous faudroit-il estre Republicains, comme les cantons des Suysses? Nos Rois n'auront ils point pouuoir de punir leurs peuples, si les mesmes peuples ne le trouuent bon ? Si la France depuis si

long

Pag. 1. & 5.<br>Pag. 4.

long temps n'a point eu de legitimes Euefques, il n'y a point eu de Preftres, point de facrements, point de predication d'Euangile, & par confequent point de falut. O temps! ô mœurs.

Quictant ce difcouts hargneux, ie diray que les Rois qui viuent paifibles dans le fein de l'Eglife, n'ont point d'ombrage de la grandeur du Pape, ny ne redoutent fes foudres. Ils fçauent ce qu'ils luy doiuent d'honneur & de refpect, ils l'ayment, ils le reuerent, ils viuent en bonne intelligence auec luy, fon authorité pour eminente qu'elle foit, ne leur eftant nullemét fufpecte. La France fur tout a continuellemét tefmoigné tant de deuotion enuers ce fainct fiege, qu'vn Pape en a autrefois efcrit à vn de nos Rois en ces termes : *N'a ce pas efté chofe particuliere* *à vos deuanciers, de prefter leur fecours, non* *feulement aux afflictions de l'Eglife, ny pour* *reftablir en leur fiege les fouuerains Pontifes,* *mais en toute forte d'autres calamitez comme* *fi l'illuftre maifon de France eftoit vn fecond* *temple de mifericorde, tel qu'auoient les A-* *theniens, où les affligez receuoient foudain de*

*Bened.13. ad* *Carol. 6.*

L

la confolation. Pour monftrer auffi comme les plus grands doiuent de la fub-
miffion au chef de l'Eglife, ie reprefen-
teray icy ce que fainct Bernard efcri-
uoit iadis à vn qui portoit le diademe
fur le front. *Ie n'ay iamais defiré le deshon-*
*neur du Roy, ny la diminutiõ du Royaume, & *
*mon ame hayt ceux qui le fouhaittent: Car i'ay*
*leu que toute ame foit fubiecte aux puiffances*
*fouueraines, & qui leur refifte, il refifte à l'or-*
*donnance de Dieu. Laquelle fentence toutes-*
*fois, ie defire, & tout autant que ie puis vous*
*admonefte d'accomplir, en rendant telle*
*reuerence au fainct fiege Apoftolique, au Vi-*
*caire de fainct Pierre, comme vous voulez*
*qu'on vous la defere par tout voftre Em-*
*pire.*

Bref, cõme les parfums trop forts en-
teftét, auffi la flatterie & les loüages ex-
ceffiues qu'on dõne aux Princes, en ex-
altãt leur Monarchie, au mefpris de celle du Pape, leur font plus dõmageables
que vtiles. Car il n'y a Roy ny Monarque craignant Dieu, qui ne fe doiue re-
cognoiftre hũble oüaille du troupeau,
apprehendant le iugement du Ciel
fur les Princes, qui non contens de la

juste administration de leur temporel,
ont entrepris sur la iurisdiction spirituelle de l'Eglise:ainsi qu'vn Roy Ozias
fut iadis frappé de lepre , pour auoir
voulu exercer le Sacerdoce. L'histoire
nous fournit aussi quelques exemples
de ceux , qui de brebis, estans deuenus
loups rauissants,& persecuteurs de l'E-
glise, ont senty la main de Dieu appe-
sātie sur leur teste. Il n'y a dy-ie Souuerain de la terre, zelé à la Religion de ses
peres , & qui vueille y viure & mourir
constamment, qui trouue mauuais,ny
qui murmure , si pour remede extreme le Pape fulmine sur les Princes
qui crachent à la face de leur mere, qui
renuersent les autels, & qui peslemes-
lent les choses sacrées auec les prophanes. Aussi est ce au Pape,comme Chef,
à gouuerner les membres, à les ranger
chacun à sa function , & comme vn
bon Berger d'auoir soin du troupeau,
de veiller à sa garde , de le proteger,&
defendre par les voyes qu'il estime les
plus iustes, les plus raisonnables, & que
les bons subiects peuuent souffrir plus
doucement estre tenuës à l'endroict de

leur Prince naturel. Les Eglises soient
donc au Pape, & les Palais aux Rois.
*Quand a il esté ouy, dit sainct Athanase,*
*depuis que le monde est creé, que le iugement*
*de l'Eglise prenne son authorité de l'Empe-*
*reur? Ou quand a il esté tenu pour iugement*
*ce que l'Empereur en ordonne?*

C'est pourquoy Hincmarus Archeuesque de Rheims, parlant à vn de nos
Rois, luy met ce sainct Canon deuant
les yeux, comme vn exemple qui le
porte à son deuoir. *Il y a, ô Empereur Au-*
*guste, deux choses, par lesquelles cest vniuers*
*est principalement gouuerné, à sçauoir l'au-*
*thorité sacree des Pontifes, & la puissance*
*Royale: mais la charge de l'vn est de tant plus*
*grand poids qu'elle doit rendre compte à Dieu*
*des Rois mesme. Tu sçais, ô mon tres-cher fils,*
*qu'encores que tu commandes aux hommes,*
*touché neantmoins de deuotion, tu t'humi-*
*lies aux genoux de l'Euesque, & desires ton*
*salut de sa main, par la perception des saincts*
*sacremens, &c. Parquoy tu sçais que tu des-*
*pens de son iugement, & non pas qu'il doiue*
*estre assuiety à ta volonté, aux choses nuë-*
*ment de la foy & de la conscience s'en-*
tend. Vn Agobardus Euesque de Lyõ,

& ancien Autheur, tefmoigne auoir veu rendre à l'Eglife & à fes Paſteurs, yne ſi grande ſubmiſſion à vn de nos premiers Rois, qu'il ſe proſterna aux pieds de l'autel, & confeſſant trois & quatre fois ſa faute, les laimes aux yeux, il quitta & ſceptre & eſpée, puis receut ſa penitéce de la main ſacrée des Eueſques, I'employeray encores icy ſur ce ſubiect vne partie du poëme Latin, qu'vn docte Prelat preſenta autrefois en l'hóneur du S. ſiege, à *Henry le Grand*, d'immortelle memoire, le Roy ſon fils digne heritier des rares vertus d'vn tel pere, recueillant s'il luy plaiſt ces vers, comme s'ils eſtoient adreſſez à ſa Maieſté, ceſte langue ne luy eſtant pas eſtrangere, puis qu'auec le laict elle a ſuccé les delices des bonnes lettres.

*Nec tibi ſat coluiſſe Deum; vult ille ſubeſſe*
*Pontifici Reges, mandat Paſtoribus ille*
*Deferri, ſi forte ſacris de rebus agatur,*
*Rex humeros tantum, ſed nos caput vngimur*
   *ipſum,*
*Et capiti ſubſunt humeri, & ſe ſubdere Reges*
*Pontifici par eſt: debes tu ſacra tueri,*

*Ex paræne-*
*ſi. Guilliel-*
*mi du Blanc*
*Epiſcopi.*
*Graſſéſis, &*
*Veneienſis*
*ad Henricũ*
*4.*

L iiij

*Non regere: in dubium quoties pia dogmatǎ*
   *Chriſti*
*Vertuntur, variatq; fides, decernerenoſtrǔeſt:*
*Fas tantum eſt regi decreta capeſcere noſtra,*
*Sed caput eſt capitǔ, Petri qui in ſede locatus*
*Antiſtes ſacris vrbem moderatur & orbem*
*Legibus , & Chriſti in terris vice fungitur*
   *vnus :*
*A quo olim reges attollere ſceptra ſolebant*
*Maioreſque tui nomen ſublime tulerunt,*
*A quo Paſtores mitram pedumque neceſſe eſt*
*Sumere , commiſsiſque ouibus quæ gramina*
   *porgant.*
„ *Hunc agnoſce pius : libertas maxima Regum*
„ *Romano ſeruire Patri, ſummumque ſubeſſe*
„ *Imperium eſt , quorum antiquo tu ſanguine*
„      *cretus*
*Illi etiam Reges ſubmiſſo poplite plantis*
*Oſcula libabant, illoque equitante per vrbem*
*Gaudebant vel frena manu, vel tangere ſellǎ.*
*O quoties eius pro maieſtate tuenda*
*Per rapidos æſtus, pluuias, ventoſque, niueſque,*
*Per gelidas venêre Alpes, per inoſpita teſqua,*
*Iuſtaque collata mouerunt prælia dextra,*
*O quoties misêre Pij donaria Romam !*
*Ille fouet pariter Reges, terreſtria & vnquǎ*
*Non aufert, qui regna pijs cœleſtia defert.*

*Ille solet varios Regum componere motus,*
*Diuisis sanctam regnis immittere pacem,*
*Et prece continua Reges, ac Regna iuuare.*

C'est ainsi qu'on doit parler dignemét de ces deux puissances, puis qu'elles ne sont point incompatibles, ains vnies ensemble, le bien du public en vaut beaucoup mieux, & malediction à celuy qui en voulât choquer l'authorité spirituelle du Pape, nous iette sans y penser en vn abisme de confusion, la paix, la tranquilité; le bon heur de la France desirant auiourd'huy autant que iamais, que nous viuions constamment en l'amour & obeissáce que nous deuons au Chef de l'Eglise : mais Dieu sçait si ces gens qui feignent tant d'affectionner les droicts des Rois, estoient recherchez de leurs mœurs & vie, par les officiers des Rois, ce seroient peut estre, les premiers qui demanderoiét d'estre renuoyez à Rome. Quelle opinion auray-ie donc de tels esprits? Sainct Bernard me l'aprend en ces mots. *Hij sunt qui docuerunt linguas suas loqui mendacium, diserti aduersus inustitiam, eruditi pro falsitate. Sapientes sunt vt faciant*

De consider. lib. 1.

*malum, eloquentes vt impugnent verum. Hi
sunt qui instruunt à quibus fuerant instruen-
di, astruunt non comperta sed sua, struunt
de proprio calumnias innocentiæ, &c.* Gens
en fin qui semblables à l'aragné, font
le venin d'où l'abeille cueille le miel,
estans si aueuglez en leur passion, qu'ils
ne considerent point quel est le mal-
heur & la desolation du schisme où ils
nous voudroient engager, & comme
Dieu a tousiours puny plus griefuemét
ceux qui ont dressé autel contre autel,
que ceux mesmes qui ont offert de
l'encens aux idoles, la terre s'estant ouuerte pour engloutir vn Coré, Dathã
& Abirõ, autheurs execrables du schisme entre le peuple d'Israel. C'est où
la iustice diuine conduit en fin ceux
qui iettent les premieres semences de
leur desunion, par la haine extreme
qu'ils portent aux Iesuites. Iesuites certes, qui oyent en patiéce tout ce qu'on
dit d'eux, & qui ont pour deuise, *En-
durer & s'abstenir*, esperant qu'au plus
le secours des hommes sesloignera
d'eux, celuy du Ciel s'en aprochera.
Iesuites en fin qui peuuent s'appliquer
à chacun

à chacun d'eux ce que Philotas disoit
de luy seul. *Verba innocenti reperire facile
est, modum verborum misero tenere difficile.
Itaque inter optimam conscientiam, & ini-
quissimam fortunam destitutus ignoro, quo-
modo, & animo meo, & tempori pa-
ream.*

I'ay sçeu que le sieur de Casaubon
s'espand en inuectiues contre moy dãs
certaines lettres, de ce que ie luy repar-
tis en deux mots, sur ce qu'il auoit de-
clamé côtre les Iesuites, mais ie donne
ces boutades à la cause cõmune de l'E-
glise, & à l'esprit de reformation qui le
possede. Ie luy desire pour toute ven-
geãce, que Dieu l'inspire, & luy rende
les saincts mouuemens qu'il a autrefois
eus, d'embrasser la Religion Catholique, battu & conuaincu en sa conscience, que Caluin ne luy apprenoit rien
de conforme aux premiers siecles de
l'Eglise, soit pour la doctrine, ou pour
la police, surtout en ce qui concerne
l'institution des Euesques, dont mesme il loüe & approuue tãt auiourd'huy
l'ordre en Angleterre, cõme chose bié
differente de l'Anarchie des Ministres

deGeneue. Or luy laiſſât voir ſon môſ-
de à plaiſir, ie ferois côſcience d'eſmou-
uoir ſa bile, par aucune parole d'ai-
greur, & remets à Dieu ſeul qui lit dans
nos cœurs, de iuger quel de luy ou
de moy parle & eſcrit, *vt ventrem far-*
*ciat.* Ce ſont ſes mots.

Si toutesfois il luy aduient iamais
d'attaquer l'Egliſe ou ſes Paſteurs, ce
ne ſera pas ſans repartie, & luy diray
lors pour toute excuſe: *Depone gladiũ, &*
*ego ſcutum abijciam, in vno tibi conſentire*
*non potero, vt parcam Hæreticis, vt me Ca-*
*tholicum non probem. Si iſta eſt cauſa diſcor-*
*diæ, mori poſſum, tacere non poſſum.*

Hieron. lib.<br>3. aduerſ.<br>Ruf. cap.11.

Finalement ie reuiens à toy, ô Docteur. Ie te coniure de reueiller ta conſcience, & ſi tu as le genie des oyſeaux
de Diomede, qui ſçauoient diſcerner
les Grecs des Barbares, c'eſt à dire, ſi
tu ſçais choiſir les bonnes raiſons d'a-
uec les mauuaiſes, le iour d'auec la
nuict, & la verité d'auec le menſon-
ge, donne gloire à Dieu, leche ta playe,
& pleurât ton peché, repare le ſçandale
public que tu as cômis, à l'eſiouiſſance
des ennemis de l'Egliſe. Recognoy que

celuy-là n'est pas seulement Hereti-
que, *qui croit mal de la foy & des sainéts sa-*
*crements, mais celuy-là est aussi reputé tel, qui* *Iulius Cla-*
*rus parag.*
*hæres.*
*enseigne de nouueaux dogmes, & qui seme des*
*opiniõs condãnees par l'Eglise,* côme sont la
plus part des tiennes, lesquelles soub-
mettât côme tu fais, à la cenfure, tu dois
abiurer, puis que Monsieur l'Euesque *Ambr. oras.*
*in Auxent.*
*Templo Dei*
*nihil posse*
*decerpere,*
*nec tradere*
*illud quod*
*custodiendũ,*
*nõ tradendũ*
*acceperim.*
de Paris, au champ duquel est creuë
ceste mauuaise plâte, a apporté vn soin
si particulier pour l'estoufer, imitant
le zele & la generosité de cest ancien Prelat, qui ne cedoit iamais rien
de l'honneur des autels. Erreurs dy-ie,
que tu dois detester, puis que le Côcile
Prouincial de Sens conuoqué ces *Monsieur le*
*Cardinal du*
*Perron.*
iours passez à Paris, & où a presidé ceste lumiere de l'Eglise, ce fleau eternel
de l'Heresie, a condamné & censuré
ton liure, la lecture en estant defenduë
fur peine d'Anatheme, pour ce, dit le
Concile, *qu'il contient des propositions, des*
*expositions, des allegations fausses, erronées,* *Et vt sonant*
*schismaticas*
*& hæreticas.*
*scandaleuses, schismatiques & heretiques,*
sans que ceste celebre compagnie ait
touché non plus que l'œil, ce qui regarde les droicts inuiolables du Roy, & li-

M ij

bertez de l’Eglife Gallicane, l’authorité
fpirituelle du Pape fe pouuant foufte-
nir & defendre, fans alterer la iufte &
legitime iurifdiction téporelle du Souuerain. Qui a auffi plus d’intereft à la
grandeur & manutention de la Royauté, que le Clergé de France? Qui expo-
fe & confacre plus volontiers que luy-
mefme fes biens & fortunes pour le fer-
uice de fon Roy?

Pourtant fans cacher ton venin fous
ces pretextes empruntez, humilie toy
deuāt le tribunal de l’Eglife. Renōce au
maudit confeil, & perfuafion de ceux
que fainct Hierôme detefte, *Et qui nunc
mammam nudant quando errorem fuum li-
berè predicant,* Voy cōme cefte fameufe
efcole de Sorbonne s’oppofe à tes erreurs, & te va difant pour t’empefcher
de faire pis. *Ego fepiam viam tuam fpinis,
fiue fudibus, ne poſsis ire quo defideras, & in-
terponam maceriam fiue murum, & femitas
tuas quas crebo triueras pede, non iuuenies: ne
apprehendas eos quos tanto ftudio profeque-
baris, &c.* Ly & fay ton profit, de ce que
Monfieur Durand Docteur en Theologie, a fi pertinemment efcrit contre

*Hiero. lib.* 1.<br>*com. in cap.*<br>2. *Oze.*

ton liure. Cache toy apres ce que Monfieur du Val, l'vn des ornemens du fie-
cle a mis au iour fur ce fuiet, & le fac
& la cendre fur la tefte, gemy auec le
Prophete, & dy comme luy, *Iniquita-* **Pfal. 50.**
*tem meam ego agnofca, & peccatum meum*
*coram me eft femper.* Apprehende en fin
qu'õ ne te reproche ce que S. Auguftin
a autrefois recogneu des Donatiftes, &
de leur autheur. *Poft caufam cum eo dictã,* **De hæref.**
*atque finitam, falfitatis rei deprehenfi, per-* **hæref. 59.**
*tinaci diffenfione firmata, in hærefim fchifma*
*verterunt.*